JN016047

英語論文実用表現

安原和也 著

三修社

はしがき

　2011年1月に三修社より『英語論文基礎表現717』を上梓してから、早や10年もの月日が経過しようとしている。そんな中で、この本は大変な好評を博して、今や英語論文の読解や執筆において欠くことのできない重要な一冊になっているものと想像される。その後、2012年2月には『英語論文重要語彙717』、2015年7月には『英語論文数字表現717』が出版され、英語論文の初学者にとっての必修フレーズ集（すなわち英語論文717シリーズ）は、これで完成したかのようにも思われた。

　しかしながら、筆者も、この10年間にわたって、様々な分野の多種多様な論文や学術書を手にしながら、英語論文に使用されているフレーズの普遍性に主として着目しつつ、まだまだこの世の中には、無意識の内ながらも、英語論文の基礎表現が多く眠っているなあという感慨を覚えるようになったのも事実である。一時は、『英語論文基礎表現717』の改訂版を出版したいという発想も、頭の一隅にはあったのではあるが、実際には、そのような方向性へと、筆者は動き出すことはなかった。むしろ、『英語論文実用表現717』という本書の発想は、『英語論文基礎表現717』の補遺版ないしは増補版とでも言えるようなものとして、ここに完成を見たと言えるのである。したがって、『英語論文基礎表現717』と『英語論文実用表現717』の2冊は、どちらか1冊だけを選択して使用するというよりも、むしろ両者を相補的に使用していくことが、英語論文表現の基礎的なスキルを向上させるためには、一層の学習効果を発揮してくるものと考えられる。

　なお、本書『英語論文実用表現717』は、英語論文を読解したり、あるいは執筆したりする際に、覚えておくときわめて便利な表現パターンを717項目にわたって厳選したものであるが、本書に収録された具体事例の数は、717表現のみならず、関連表現も合わせて、本書全体で約3500表現にも及んでいる。また、本書は、文系・理系の枠にとらわれずに、いずれの学術分野でも使用可能なフレーズを、できる限り分かりやすい例文とともに、コンパクトに収録しているのも、その1つの特長と言える。そして、巻末には、日本語と英語から引くことのできるキーワード検索（［日本語］約730項目、［英語］約760項目）も備えており、必要なフレーズをかなり容易に探し出すことも可能である。本書での学習を通して、少しでも多くの方々が、英語論文にチャレンジしたいという意欲を持ってもらえるとすれば、筆者としても、大変喜ばしい限りである。

　最後に、本書の企画から編集に至るまで、本書の出版に向けて多大なるご尽力を頂いた、三修社編集部の斎藤俊樹氏に、心よりお礼を申し上げたい。

2021年5月　名古屋にて
著　者

●本書の構成について

本書の全 717 の見出し表現は、すべて以下の要領で構成されます。

> **見出し番号** □ **見出し表現（英語）**：見出し表現（日本語）
> 英語例文
> （英語例文の日本語訳）
> 関連表現：見出し表現と接点のある関連表現を提示
> 　　　　　（日本語訳も併記）

なお、見出し表現・関連表現の一部には、代替要素として、A や B や C（名詞表現）、S+V（文表現）、to *do*（不定詞表現）、*doing*（動名詞表現）といった略記が使用されている場合がありますので、注意してください。

《構成の一例》

> **047** □ **an area of study:** 研究領域
> This is **a** fairly new **area of study**.
> （これはかなり新しい研究領域である。）
> **関連表現**：an area of research（研究領域）

●キーワード検索（巻末参照）について

日本語と英語の両言語からのキーワード検索が、巻末に収録されています。research や「研究領域」などの語レベルのキーワードから、必要な論文表現をスムーズに探し出すことができます。ただし、キーワード検索に掲載された数字は、そのキーワードが掲載されたページ数を表しているのではなく、そのキーワードを含んだ論文表現を掲載している「見出し番号」を表している点に注意してください。

目 次

001 □ a branch of A: Aの一分野

Probability is **a branch of** statistics.
（確率論は、統計学の一分野である。）

関連表現：a branch of biology（生物学の一分野）
a branch of psychology（心理学の一分野）
a branch of science（科学の一分野）
all branches of science（科学の全分野）
other branches of biology（生物学の多分野）
these branches of science（これらの科学分野）
many branches of the humanities（人文学における多くの分野）
traditional branches of linguistics（言語学の伝統的な分野）

002 □ a case study of A: Aの事例研究

In this paper, **a case study of** metaphorical interpretation is presented.
（本稿では、メタファー解釈の事例研究が提示される。）

関連表現：one case study（１つの事例研究）
a typical case study（典型的な事例研究）
an interesting case study（興味深い事例研究）
in this case study（この事例研究では）
in a related case study（関連する事例研究では）

003 □ a comparative study of A and B: AとBの比較研究

Johnson (2011) conducts **a comparative study of** ABC **and** XYZ.
（Johnson (2011)は、ABCとXYZの比較研究を行っている。）

関連表現：a comparative study（比較研究）
a comparative study of A, B, and C（AとBとCの比較研究）
in light of comparative studies（比較研究の観点から）
be clarified by comparative studies（比較研究によって明らかにされる）
comparative anatomy（比較解剖学）

004 □ a criterion for *doing*: ～するための基準

The criteria for determining these relations are listed in Table 3.
（これらの関係を決定づけるための基準は、表３に示されている。）

関連表現：a clear criterion（明確な基準）
a criterion of classification（分類基準）
in accordance with this criterion（この基準にしたがって）

Johnson's (2008) criteria（Johnson (2008)の基準）
various criteria（様々な基準）
fulfill all criteria（すべての基準を満たす）

005 □ **a curve:** 曲線

In Figure 3, this is shown by **a curve**.
（図3においては、これは曲線で示されている。）

関連表現：curvy lines（曲線）
a yellow curve（黄色の曲線）
the two curves（その2本の曲線）
the properties of this curve（この曲線の特徴）
a demand curve（需要曲線）
a supply curve（供給曲線）

006 □ **a double line:** 二本線

These relations are represented by **a double line**.
（これらの関係は、二本線によって示されている。）

関連表現：a single line（一本線）
a straight line（直線）
a solid line（実線）
a dotted line（点線）
a broken line（破線）
a vertical line（縦線）
a horizontal line（横線）
bold lines（太線）
dashed lines（破線）
wavy lines（波線）
draw a line（線を引く）
be indicated by green lines（緑色の線によって示される）

007 □ **a fundamental claim of A:** Aの基本的な主張

This is **a fundamental claim of** cognitive linguistics.
（これは認知言語学の基本的な主張の1つである。）

関連表現：a basic claim of A（Aの基本的な主張）
the claim that S+V（～という主張）
Stowell's (2009) claims（Stowell (2009)の主張）
a controversial claim（疑問の余地のある主張）

008 ☐ **a good example of this:** この１つの好例

A good example of this is Johnson's (2019) analysis.

（この１つの好例が、Johnson (2019)の分析である。）

関連表現：a very good example of this（この１つの優れた好例）
one interesting example of this（これの興味深い一例）
one example of this（これの１つの事例）
the best example of this（これの最もよい事例）

009 ☐ **a great deal has been discussed about A:**
Aに関してはかなり多くの議論がなされてきた

A great deal has been discussed about the relationship between language and culture.

（言語と文化の関係性に関しては、かなり多くの議論がなされてきた。）

関連表現：a great deal has been learned about A
（Aに関してはかなりのことが学ばれてきた）
a great deal remains obscure（かなりのことが不明瞭なままである）
a great deal of research（かなりの研究）
a great deal of evidence（かなりの証拠）

010 ☐ **a groundbreaking study:** 草分け的な研究

In this book, **a groundbreaking study** is conducted in the field of linguistics.

（本書では、言語学の領域において、草分け的な研究が行われている。）

関連表現：groundbreaking work by Rubin's (2018)
（Rubin (2018)による草分け的な研究）
a groundbreaking paper（草分け的な論文）
much groundbreaking research（多くの草分け的な研究）

011 ☐ **a highly suggestive discussion:** かなり示唆的な議論

This is **a highly suggestive discussion**.

（これはかなり示唆的な議論である。）

関連表現：a suggestive approach（示唆的なアプローチ）
suggestive conclusions（示唆的な結論）
be quite/very suggestive（かなり示唆的である）
be at least suggestive as to A（Aに関しては少なくとも示唆的である）

012 ☐ a kind of A: 一種のA

This should be treated as **a kind of** perceptual system.

（これは一種の知覚システムとして取り扱われるべきである。）

関連表現：some kind of A（ある種のA）
　　　　　this kind of evidence（この種の証拠）
　　　　　a special kind of knowledge（特殊な知識）
　　　　　a different kind of example（別種の例）
　　　　　various kinds of problems（様々な種類の問題）
　　　　　the same kinds of units（同種の単位）

013 ☐ a longstanding issue: 長年にわたる問題

This has been recognized as **a longstanding issue**.

（これは、長年にわたる問題として認識されてきた。）

関連表現：social issues（社会問題）
　　　　　a longstanding debate（長年にわたる論争）
　　　　　a longstanding puzzle（長年にわたる難題）

014 ☐ a matter of controversy: 議論の余地のある問題

This is **a matter of controversy**.

（これは議論の余地のある問題である。）

関連表現：a matter of life and death（生死の問題、死活問題）
　　　　　a matter of language（言語の問題）
　　　　　a matter of time（時間の問題）
　　　　　a matter of empirical fact（経験的事実の問題）
　　　　　a matter of poverty（貧困の問題）
　　　　　a matter of interpretation（解釈の問題）
　　　　　a matter of definition（定義の問題）
　　　　　a matter of utmost importance（最も重要な問題）

015 ☐ a modified version of A: Aの修正版

Principle B can be characterized as **a modified version of** Principle A.

（原理Bは、原理Aの修正版として特徴づけることができる。）

関連表現：an extended version of A（Aの拡大版）
　　　　　a revised version of Johnson (2018)
　　　　　　（Johnson (2018)の修正版／改訂版）
　　　　　a slightly revised version of Long (2018)（Long (2018)の微修正版）

an extended version of Section 2（第2節の拡大版）
the final version of the manuscript（その原稿の最終版）
the latest version of this theory（この理論の最新版）

016 □ **a more detailed discussion:** より詳細な議論

For **a more detailed discussion** of this area, see Johnson (2006).
（この領域のより詳細な議論に関しては、Johnson (2006)を参照されたい。）

関連表現：a detailed analysis（詳細な分析）
detailed models（詳細なモデル）
more detailed experiments（より詳細な実験）
extremely detailed descriptions（かなり詳細な記述）
a very detailed study of A（Aのかなり詳細な研究）
in a detailed fashion（詳細に）

017 □ **a newly discovered phenomenon:** 新たに発見された現象

This is **a newly discovered phenomenon**.
（これは新たに発見された現象である。）

関連表現：a natural phenomenon（自然現象）
a global phenomenon（地球規模の現象）
a linguistic phenomenon（言語現象）
an everyday phenomenon（日常の現象）
a previously overlooked phenomenon（これまで見逃されてきた現象）
a well-studied phenomenon（よく研究された現象）
other related phenomena（他の関連現象）

018 □ **a problem arises:** 問題が生じる

However, **a problem arises** in the latter case.
（しかしながら、後者の場合には、1つの問題が生じる。）

関連表現：a question arises（1つの問題が生じる）
a deeper issue arises（より深い問題が生じる）
some problems arise（いくつかの問題が生じる）
do/does not arise（生じない）

019 □ **a process whereby S+V:** ～するプロセス

This term applies to **a process whereby** an element moves from A to B.
（この用語は、ある要素がAからBへ移動するプロセスに適用される。）

関連表現：a process by which S+V（〜するプロセス）
an mechanism whereby S+V（〜するメカニズム）
the principle whereby S+V（〜する原理）

020 □ **a question mark:** 疑問符（？）

The oddness of this example is indicated by **a question mark**.

（この事例の異常さは、疑問符によって示されている。）

関連表現：an exclamation mark（感嘆符（！））
use a question mark（疑問符を使用する）
be shown by a question mark（疑問符によって示される）
be indicated by an exclamation mark（感嘆符によって示される）

021 □ **a relatively new discipline:** 比較的新しい学問分野

Cognitive linguistics is **a relatively new discipline**.

（認知言語学は、比較的新しい学問分野である。）

関連表現：relatively familiar examples（比較的なじみ深い事例）
a relatively small number of parameters（比較的少数のパラメーター）
a relatively simple model（比較的単純なモデル）
each discipline（各学問分野）
this scientific discipline（この科学分野）
various disciplines（様々な学問分野）

022 □ **a remarkable counterexample:** 注目に値する反例

This is **a remarkable counterexample**.

（これは注目に値する反例である。）

関連表現：this kind of counterexample（この種の反例）
a more serious counterexample（より深刻な反例）
a clear counterexample to this generalization
（この一般化に対する明らかな反例）
these counterexamples（これらの反例）

023 □ **a reviewer of this paper:** 本稿の査読者

A reviewer of this paper argues that this account is flawed.

（本稿の査読者の1人は、この説明には欠点があると議論している。）

関連表現：an anonymous reviewer of this chapter（本章の匿名査読者）
a referee of this book（本書の査読者）

as a reviewer suggests（査読者が示唆するように）

024 □ **a series of A:** 一連のA

To recognize these images, **a series of** cognitive processes is needed.
（これらのイメージが認識されるためには、一連の認知プロセスが必要とされる。）

関連表現：a series of experiments（一連の実験）
a series of examples（一連の事例）
a series of studies（一連の研究）
a series of cognitive processes（一連の認知プロセス）
a series of straight lines（一連の直線）
a series of such changes（一連のこのような変化）

025 □ **a sharp asymmetry:** 明確な非対称性

There is **a sharp asymmetry** between these two constraints.
（この2つの制約の間には、明確な非対称性がある。）

関連表現：an asymmetric structure（非対称的な構造）
symmetry and asymmetry（対称性と非対称性）
a similar asymmetry（似たような非対称性）
in order to capture this asymmetry（この非対称性を捉えるために）
be perfectly symmetric（完全に対称的である）

026 □ **a similar classification:** 似たような分類

For **a similar classification**, see Tee & Nation (2009).
（似たような分類に関しては、Tee & Nation (2009)を参照されたい。）

関連表現：a similar conclusion（似たような結論）
a similar phenomenon（類似現象）
mention a similar case（似たようなケースに言及する）
report a similar result（似たような結果を報告する）

027 □ **a small amount of A:** 少量のA

Add **a small amount of** water to the test tube.
（その試験官に少量の水を加える。）

関連表現：small amounts of A（少量のA）
a relatively small amount of A（比較的少量のA）
a small amount of oxygen（少量の酸素）

a small amount of energy（少量のエネルギー）
a small amount of data（少量のデータ）
a small amount of water（少量の水）
only a small amount of oxygen（ほんの少量の酸素）

028 □ **a special case:** 特例

This should be seen as **a special case**.

（これは、特例として考えられるべきである。）

関連表現：a special case of A（Aの特例）
be regarded as a special case of A（Aの特例とみなされる）
an interesting case of A（Aの興味深いケース）
another case of A（Aの別のケース）
the simplest case of A（Aの最も単純なケース）
the well-known case of A（Aのよく知られたケース）

029 □ **a subset of A:** Aの部分集合

In this case, B is said to be **a subset of A**.

（この場合には、BはAの部分集合であると言われる。）

関連表現：a new set（新しい集合）
a set of items（一組の項目）
an empty set（空集合）
a complementary set（補集合）
a universal set（全集合、全体集合）
set theory（集合論）

030 □ **a summary of A:** Aの概括、Aの概要

For **a summary of** metaphor research, see London (2012).

（メタファー研究の概括に関しては、London (2012)を参照されたい。）

関連表現：a brief summary of this section（本節の概略）
a short summary of this chapter（本章の概略）
the following summary（以下の要約）

031 □ **a surface-level phenomenon:** 表面レベルの現象

This is just **a surface-level phenomenon**.

（これは、ただ単に表面レベルの現象に過ぎない。）

関連表現：discourse-level effects（談話レベルの効果）

word-level structures（語レベルの構造）
a basic-level category（基本レベル・カテゴリー）
a higher-level problem（より高次の問題）

032 ☐ **a testable hypothesis:** 検証可能な仮説

Unfortunately, this is not **a testable hypothesis**.
（残念ながら、これは検証可能な仮説ではない。）

関連表現：the hypothesis that S+V（〜という仮説）
this traditional hypothesis（この伝統的な仮説）
a working hypothesis（作業仮説）
new hypotheses（新しい仮説）
be fully testable（完全に検証可能である）
be at least not testable（少なくとも検証可能ではない）

033 ☐ **a well-known example of A:** Aのよく知られた例

This is **a well-known example of** personification.
（これは擬人化のよく知られた例である。）

関連表現：a well-known example（よく知られた事例）
well-known examples（よく知られた事例）
another well-known example（もう1つのよく知られた例）
a representative example of A（Aの代表例）
a typical example of A（Aの典型例）
a classic example of A（Aの古典的な例）
a clear example of A（Aの明確な例）
an excellent example of A（Aの優れた事例）
the best-known example of A（Aの最もよく知られた例）
the only example of A（Aの唯一の例）
the best-known recent example（最もよく知られた最近の例）
a related example（関連事例）
a well-known experiment（よく知られた実験）
a relatively well-known phenomenon（比較的よく知られた現象）
a somewhat more complex example（やや複雑な事例）

034 ☐ **a wide variety of topics:** 多種多様なトピック

Kuhn (2017) casts a keen eye on **a wide variety of topics**.
（Kuhn (2017)は、多種多様なトピックに、抜け目なく目を向けている。）

関連表現：a variety of mammals（様々な哺乳類）

a wide range of topics（広範囲のトピック）
a very wide range of topics（かなり広範なトピック）
a wide range of foods（多種多様な食品）
a range of languages（様々な言語）
a range of colors（様々な色）

---

035 ☐ **account for A (1):** Aを説明する

The former system can **account for** this variation.

（前者のシステムは、この変容を説明することができる。）

関連表現：account for these differences（これらの違いを説明する）
account for these data（これらのデータを説明する）
account for this pattern（このパターンを説明する）
account for the fact that S+V（〜という事実を説明する）

---

036 ☐ **account for A (2):** Aを占める

It **accounts for** about 20 percent of all calories consumed.

（それは、全消費カロリーの約20％を占めている。）

関連表現：account for 50 percent of all cases（全ケースの50％を占める）
account for about 30 percent of A（Aの約30％を占める）
account for approximately 5 percent of A（Aの約5％を占める）

---

037 ☐ **adopt such approaches:** このようなアプローチを採用する

Adopting such approaches can lead to a deeper understanding of language structure and language use.

（このようなアプローチを採用することは、言語構造と言語使用のより深い理解へとつながりうる。）

関連表現：adopt this conclusion（この結論を採用する）
adopt this terminology（この用語法を採用する）
adopt the idea that S+V（〜という見解を採用する）
be widely adopted（広く採用されている）
the claim adopted here（ここで採用された主張）
have adopted this term（この用語を採用してきた）

---

038 ☐ **affect A:** Aに影響を与える

As a result, such experiences **affect** our cognitive system.

（その結果、このような経験が私たちの認知システムに影響を与えているのであ

る。)

関連表現：affect the problems（その問題に影響を与える）
can affect the conclusion that S+V（～という結論に影響を与えうる）
may be affected by transformations
（変形によって影響を与えられるかもしれない）

---

039 ☐ **aim at** *doing***:** ～することを目的とする

This collection of papers **aims at** formulating a model that can process linguistic expressions.
（本論文集の目的は、言語表現を処理することのできるモデルを定式化することである。）

関連表現：must aim at explaining these properties
（これらの特性を説明することを目的としなければならない）

---

040 ☐ **all in all:** 全般的には

All in all, adopting the latter view is more common.
（全般的には、後者の見解を採用する方がより一般的である。）

---

041 ☐ **almost all countries:** ほぼすべての国

These surveys were conducted in **almost all countries**.
（これらの調査は、ほぼすべての国で実施された。）

関連表現：almost all languages（ほぼすべての言語）
almost all of them（それらのほぼすべて）
in almost all types（ほぼすべてのタイプで）
in almost all cases（ほぼすべてのケースで）

---

042 ☐ **amount to A:** Aに相当する

This **amounts to** what is traditionally called 'Principle A'.
（これは、伝統的に「原理A」と呼ばれているものに相当している。）

関連表現：amount to saying that S+V（～と言うのに等しい）
amount to the conclusion that S+V（～という結論に相当する）

---

043 ☐ **among linguists:** 言語学者の間で

There is a debate **among linguists** as to the relationship between language and thought.

（言語と思考の関係性に関しては、言語学者の間で論争がある。）

関連表現：among experts（専門家の間で）
among philosophers（哲学者の間で）
among many researchers（多くの研究者の間で）
among subjects（被験者の間で）
among individuals（個々人の間で）

044 □ an abstract entity: 抽象的な実体

In general, a sentence is **an abstract entity**.
（一般に、文とは抽象的な実体である。）

関連表現：an abstract example（抽象的な例）
be highly abstract（かなり抽象的である）
this mental entity（この心的実体）
complex entities（複雑な実体）

045 □ an alternative approach to A: Aに対する代替アプローチ

An alternative approach to these phenomena is also discussed in Taylor (2019).
（これらの現象に対する代替アプローチは、Taylor (2019)の中でも議論されている。）

関連表現：an alternative analysis（代替の分析）
an alternative hypothesis（代替の仮説）
an alternative theory（代替理論）

046 □ an alternative to A: Aの代案

This has been proposed as **an alternative to** May's (2005) hypothesis.
（これは、May (2005)の仮説の代案として提案されてきたものである。）

関連表現：one alternative（１つの代案）
an alternative to natural selection（自然淘汰の代案）
as an alternative to A（Aの代案として）
be not an alternative to A（Aの代案ではない）
present an alternative to A（Aの代案を提示する）

047 □ an area of study: 研究領域

This is **a fairly new area of study**.
（これはかなり新しい研究領域である。）

関連表現：an area of research（研究領域）

048 ☐ **an arrow:** 一本の矢印

In Figure 8, this change is represented by **an arrow**.
（図8では、この変化は一本の矢印で示されている。）

関連表現：a black arrow（黒色矢印）
gray arrows（灰色矢印）
a unidirectional arrow（一方向の矢印）
a double-headed arrow（両端矢印）
be indicated by an arrow（矢印によって示される）

049 ☐ **an asterisk:** アスタリスク

Ungrammaticality is indicated by **an asterisk (*)**.
（非文法性はアスタリスク(*)によって示される。）

関連表現：a dash（ダッシュ（―））
a slash（斜線（/））
an oblique stroke（斜線（/））
the rightmost asterisk（最も右側のアスタリスク）
the leftmost asterisk（最も左側のアスタリスク）
as indicated by the asterisk（アスタリスクによって示されるように）

050 ☐ **an exhaustive list:** 包括的なリスト

Unfortunately, this is not **an exhaustive list**.
（残念ながら、これは包括的なリストではない。）

関連表現：a comprehensive list（包括的なリスト）
an exhaustive survey（包括的な調査）
exhaustive explanations（包括的な説明）
be not exhaustive（包括的ではない）
in an exhaustive fashion（包括的に）
an exhaustive list of A（Aの包括的なリスト）
a list of vitamins（ビタミンの一覧表（リスト））
a list of sentences used（使用された文のリスト）

051 ☐ **an important aspect of A:** Aの重要な側面

This is **an important aspect of** language learning.
（これは言語学習の重要な側面の1つである。）

関連表現：another aspect of A（Aの別の側面）

a key aspect of A（Aの主要な側面）
social aspects of science（科学の社会的側面）
various aspects of cognition（認知の様々な側面）
further aspects of A（Aのさらなる側面）

052 □ **an important consequence of A:** Aの重要な帰結

This is **an important consequence of** Johnson's (2016) approach.
（これは、Johnson's (2016) のアプローチの重要な帰結の１つである。）

関連表現：a consequence of this is that S+V
（この帰結の１つは～ということである）
a consequence of Principle A（原理Aの帰結）
a consequence of this is that S+V（これの帰結は～ということである）
yield this consequence（この帰結をもたらす）
test this consequence（この帰結を検証する）
as a consequence（結果として）

053 □ **an important insight:** 重要な洞察

Hence, this is **an important insight**.
（したがって、これは重要な洞察である。）

関連表現：gain a deeper insight into A（Aについてさらに深い洞察を得る）
the fundamental insight that S+V（～という基本的洞察）
the significance of this insight（この洞察の重要性）
be in need of deeper insights（より深い洞察を必要としている）
provide new insights（新しい洞察をもたらす）

054 □ **an interesting point:** 興味深い点

In fact, this is **an interesting point**.
（事実、これは興味深い点である。）

関連表現：this point（この点）
a similar point（似たような点）
a starting point for A（Aへの出発点）
the following points（以下の点）
at different points（様々な点で）

055 □ **an introduction to A:** A入門

These chapters function as **an introduction to** cognitive linguistics.
（これらの章は、認知言語学入門として機能している。）

関連表現：an introduction to linguistics（言語学入門）
　　　　　an introduction to molecular biology（分子生物学入門）
　　　　　an introduction to sociology（社会学入門）

056 □ **an oft-cited example of A:** Aのよく引用される例

This is **an oft-cited example of** personification.
（これは擬人化のよく引用される例である。）

関連表現：a widely cited example of A（Aの広く引用される例）
　　　　　a celebrated example of A（Aの有名な例）
　　　　　well-documented examples of A（Aのよく出される例）

057 □ **analyze these data:** これらのデータを分析する

For this purpose, it is necessary to **analyze these data**.
（この目的のためには、これらのデータを分析することが必要である。）

関連表現：be analyzed（分析される）
　　　　　analyze such examples（このような例を分析する）
　　　　　to analyze these facts（これらの事実を分析するために）
　　　　　be properly analyzed（適切に分析される）
　　　　　have been successfully analyzed（うまく分析されてきた）
　　　　　the examples analyzed so far（ここまで分析された事例）

058 □ **anonymous reviewers:** 査読者

We would like to thank three **anonymous reviewers** for their helpful comments.
（有益なコメントを頂いたことに関して、3名の査読者に感謝したい。）

関連表現：anonymous referees（査読者）
　　　　　two anonymous reviewers（2名の査読者）
　　　　　an anonymous reviewer（匿名の査読者）
　　　　　three reviewers（3人の査読者）
　　　　　as a reviewer points out（査読者が指摘するように）
　　　　　two referees（2人の査読者）

059 □ **another way of looking at A:** Aの別の見方

Another way of looking at this concept is through Johnson's (2010) theorem.
（この概念の別の見方は、Johnson (2010) の定理を通して可能となる。）

関連表現：a new way of *doing*（〜する新しい方法）
the simplest way of *doing*（〜する最も単純な方法）
one way of *doing*（〜する１つの方法）
a different way of *doing*（〜する別の方法）
various ways of *doing*（〜する様々な方法）
innovative ways of *doing*（〜する革新的な方法）

060 ☐ **answer this concern:** この懸念に答える

To **answer this concern**, consider the following examples:
（この懸念に答えるために、以下の事例について検討してみよう。）

関連表現：answer these questions（これらの問いに答える）
answer the following questions（以下の問いに答える）
another concern（別の懸念）
methodological concerns（方法論上の懸念）

061 ☐ **apply A to B:** AをBに応用する

It may be very difficult to **apply** this technique **to** the study of cancer.
（この技術をガンの研究に応用することは、かなり難しいかもしれない。）

関連表現：apply it to new sentences（それを新しい文に適用する）
apply twice（２度適用する）
apply recursively（再帰的に適用する）

062 ☐ **as a basis for *doing*:** 〜する基盤として

This may be used **as a basis for** defining the following terms:
（これは、下記の専門用語を定義する基盤として使用することができるかもしれない。）

関連表現：constitute a basis for *doing*（〜する基盤となる）
provide a basis for *doing*（〜する基盤をもたらす）
be used as a basis for *doing*（〜する基盤として使用される）
may serve as a basis for further investigation
（さらなる探究の基盤となるかもしれない）

063 ☐ **as an example:** 一例として

As an example, let us take the following metaphor:
（一例として、以下のメタファーを取り上げよう。）

関連表現：as another example（別の例としては）

as a further example（さらなる例としては）
in this example（この事例では）
for example（例えば）

064 ☐ **as a result:** その結果（として）

As a result, such experiences affect our cognitive system.
（その結果、このような経験が私たちの認知システムに影響を与えているのである。）

関連表現：as a result of this（これの結果として）
as a result of this interaction（この相互作用の結果として）
as a result of it（それの結果として）
as a result of learning（学習の結果として）
as a result of the fact that S +V（〜という事実の結果として）

065 ☐ **as its name suggests:** その名前が示唆するように

As its name suggests, this concept is very complicated.
（その名前が示唆するように、この概念はかなり複雑である。）

関連表現：as its name indicates（その名前が示すように）
as its name shows（その名前が示すように）

066 ☐ **as she puts it:** 彼女が述べるように

As she puts it, "there are crucial differences among them" (Darwin 2011: 32).
（彼女が述べるように、「それらの間には決定的な相違点がある」(Darwin 2011: 32)。）

関連表現：as he puts it（彼が述べるように）
as London & Evans (2011) put it
（London & Evans (2011)が述べるように）
as Roland (2009) puts it（Roland (2009)が述べるように）
as they put it（彼らが述べるように）

067 ☐ **as regards A:** Aに関しては

As regards this principle, there are at least two versions.
（この原理に関しては、少なくとも2つのバージョンがある。）

関連表現：especially as regards A（特にAに関しては）

068 ☐ **as to A:** Aに関しては

There is a debate among linguists **as to** the relationship between language and thought.

（言語と思考の関係性に関しては、言語学者の間で論争がある。）

関連表現：a clue as to A（Aに関する手がかり）
direct evidence as to（Aに関する直接証拠）
differ as to A（Aに関して異なる）
be neutral as to A（Aに関して中立である）

069 ☐ **as with A:** Aと同様に

As with metaphor, metonymy is understood as a cognitive process.

（メタファーと同様に、メトニミーも1つの認知プロセスとして理解されている。）

関連表現：as with Postal's (2010) examples（Postal (2010)の例と同様に）
as with many others（他の多くのものと同様に）
as with all molecules（すべての分子と同様に）

070 ☐ **at different levels of A:** Aの様々なレベルで

These processes operate **at different levels of** consciousness.

（これらのプロセスは、様々な意識レベルで機能する。）

関連表現：at a subconscious level（潜在意識レベルで）
at the most fundamental level（最も基本的なレベルでは）
at all levels（すべてのレベルで）
at the same level（同じレベルで）
at hierarchical levels（階層レベルで）
at least two levels of representation（少なくとも2つの表示レベル）

071 ☐ **at first sight:** 一見すると

At first sight, this calculation may seem incorrect.

（一見すると、この計算は間違っているように思われるかもしれない。）

関連表現：at first glance（一見すると）

072 ☐ **at large:** 十分に、詳細に

Here, it is important to treat this issue **at large**.

（ここでは、この問題を十分に議論することが重要である。）

関連表現：treat this problem at large（この問題を詳細に論じる）
be discussed at large（十分に議論される）

---

073 ☐ **at least to some degree:** 少なくともある程度は

This prediction has, **at least to some degree**, been borne out.
（この予測は、少なくともある程度は、実証されてきた。）

関連表現：at least in part（少なくとも部分的には）
in part at least（少なくとも部分的には）
in theory at least（少なくとも理論上は）
at least partly（少なくとも部分的には）
at least strictly（少なくとも厳密には）
at least in principle（少なくとも原理上は）
at least in some cases（少なくともいくつかのケースでは）

---

074 ☐ **at length:** 詳細に

These processes are discussed **at length** by Evens (2009).
（これらのプロセスは、Evans (2009)によって詳細に議論されている。）

関連表現：at great length（かなり詳細に）
at considerable length（かなり詳細に）
at some length（やや詳細に）
be discussed at length（詳細に議論される）

---

075 ☐ **at the bottom of this page:** このページの末端部

The classification is shown **at the bottom of this page**.
（その分類は、このページの末端部に示されている。）

関連表現：at the bottom of p. 103（103ページの末端に）
at the top of p. 77（77ページの先頭に）
at the top of this section（本節の先頭に）

---

076 ☐ **at the first stages of A:** Aの初期段階においては

This does not occur **at the first stages of** language acquisition.
（これは言語習得の初期段階においては起こらない。）

関連表現：at a later stage（その後の段階で）
at every stage of application（すべての適用段階で）
the earlier stage of this theory（この理論の初期段階）
the final stage of A（Aの最終段階）

the first stage of A（Aの第一段階）

---

077 ☐ **at the opposite end of A:** Aの反対側に（は）

At the opposite end of the scale are the vegetables such as carrots and onions.

（そのスケールの反対側には、ニンジンやタマネギなどの野菜がある。）

関連表現：be at the opposite end of A（A の正反対に位置している）

---

078 ☐ **at the present stage of research:** 現段階の研究においては

At the present stage of research, some problems may arise.

（現段階の研究においては、いくつかの問題が生じるかもしれない。）

関連表現：at this stage of research（この段階の研究においては）
at the present stage（現段階では）

---

079 ☐ **at the same rate:** 同じ速度で

These reactions take place **at the same rate**.

（これらの反応は、同じ速度で生じる。）

関連表現：at the same speed（同じ速度で）
at a faster rate（より速い速度で）
the speed of light（光の速度）
a high-speed processing system（高速処理システム）

---

080 ☐ **at this stage:** この段階では

At least two questions arise **at this stage**.

（少なくとも 2 つの問題が、この段階では生じる。）

関連表現：at each stage（各段階では）
at various stages（様々な段階では）

---

081 ☐ **at this symposium:** このシンポジウムでは

At this symposium, four papers were presented.

（このシンポジウムでは、4 本の論文が発表された。）

関連表現：at this forum（このフォーラムでは）
at this conference（この大会では）
at other workshops（他のワークショップでは）
be presented at the symposium（そのシンポジウムで発表される）

082 □ at times: 時には、時々

There errors are **at times** impossible to avoid.
（これらのエラーは、時には避けることが難しい。）

関連表現：sometimes（時々）

---

083 □ be addressed: 取り扱われる、議論される

These problems **are addressed** in detail in Sections 3-5.
（これらの問題は、第3-5節で詳しく取り扱われる。）

関連表現：address these questions（これらの問題を取り扱う）
address this issue（この問題を議論する）
be addressed below（以下で議論される）
a problem to be addressed（議論されるべき問題）
have been addressed（議論されてきた）
be not addressed（取り扱われていない）

---

084 □ be almost unknown: ほとんど知られていない

This fact **is almost unknown**.
（この事実はほとんど知られていない。）

関連表現：be unknown（知られていない）
be still unknown（依然として知られていない）
be not known（知られていない）
be widely known（広く知られている）
be totally unknown（まったく知られていない）
a hitherto unknown phenomenon（これまでに知られていない現象）
remain unknown（未知のままである）
be well-known（よく知られている）
be already known（既に知られている）
be currently known（今や知られている）

---

085 □ be already obvious: 既に明らかである

Part of this problem **is already obvious**.
（この問題の一部は、既に明らかである。）

関連表現：be already clear（既に明らかである）
be already present（既に存在している）
be already known（既に知られている）
be already complex（既に複雑である）

as already stated（既に述べたように）
as already pointed out（既に指摘されたように）
have already been mentioned above（既に上記で言及されてきた）

086 □ be always the same: 常に同じである

These values **are always the same**.

（これらの値は、常に同じである。）

関連表現：be not the same（同じではない）
must be the same as A（Aと同じでなければならない）
should be the same as A（Aと同じであるべきである）
may not be the same as A（Aと同じではないかもしれない）

087 □ be an exception: 例外である

However, fruits and vegetables **are an exception**.

（しかしながら、果物と野菜は例外である。）

関連表現：be not an exception（例外ではない）
be no exception（まったく例外ではない）
a further exception（さらなる例外）
an exception to the conclusion that S+V（～という結論の１つの例外）
an important exception（重要な例外）
a representative exception（代表的な例外）

088 □ be applicable to A: Aに適用可能である

This principle **is** also **applicable to** the following examples:

（この原理は、以下の事例にも適用可能である。）

関連表現：be also applicable to A（Aにも適用可能である）
be equally applicable to A（Aにも適用可能である）
be not applicable to A（Aには適用可能ではない）
whenever applicable（適用可能なときはいつでも）
may be applicable to A（Aに適用可能かもしれない）

089 □ be applied to A: Aに適用される

These models **are** also **applied to** other linguistic phenomena.

（これらのモデルは、他の言語現象にも適用される。）

関連表現：be successfully applied to A（Aにうまく適用される）
have been applied to A（Aに適用されてきた）

when applied to A（Aに適用されるとき）
if applied to A（Aに適用される場合には）

---

090 □ **be as follows:** 以下の通りである

The abbreviations used in this paper **are as follows**:
（本稿で使用される略記（略号）は、以下の通りである。）

関連表現：be roughly as follows（大まかには以下の通りである）
be organized as follows（以下のように構成される）
can be classified as follows（以下のように分類可能である）

---

091 □ **be at odds with A:** Aと対立している

Therefore, this position **is at odds with** Johnson's (2001) view.
（したがって、この立場はJohnson (2001)の見解と対立している。）

関連表現：be clearly at odds with A（Aと明確に対立している）
be quite at odds with A（Aとかなり対立している）
seem to be at odds with A（Aと対立しているように思われる）

---

092 □ **(be) at work:** 機能している

There is a cyclic process **at work** here.
（ここでは、周期的なプロセスが機能している。）

関連表現：be at work（機能している）
work properly（適切に機能する）
be clearly at work（明確に機能している）
be also at work at (10)（(10)でも機能している）
the processes at work in language（言語で機能しているプロセス）

---

093 □ **be attested:**（存在しているものとして）確認される、立証される

These examples **are attested** in a series of studies mentioned above.
（これらの事例の存在は、上述した一連の研究で確認されている。）

関連表現：be unattested（（存在しているものとして）確認されていない）
be not attested（（存在しているものとして）確認されていない）
be empirically attested（経験的に立証される）
a widely attested process（広く立証されたプロセス）

---

094 □ **be available online:** ネット上で入手可能である

This article **is available online**.

（この論文は、ネット上で入手可能である。）

関連表現：be available at *http://ccc.co.jp*（*http://ccc.co.jp*で入手可能である）
be not available（入手可能ではない）
be already available（既に入手可能である）
become available（入手可能になる）
be unavailable（入手不可能である）
all available data（すべての入手可能なデータ）

095 □ be beyond the scope of this research:
本研究の範囲を超えている

It is also clear that these problems **are beyond the scope of this research**.
（これらの問題が本研究の範囲を超えていることも、明らかなことである。）

関連表現：be beyond the scope of this study（本研究の範囲を超えている）
be beyond the scope of this paper（本稿の範囲を超えている）
be beyond the scope of this chapter（本章の範囲を超えている）
be beyond the scope of the present chapter
　　（本章の範囲を超えている）
be clearly beyond the scope of this paper
　　（明らかに本稿の範囲を超えている）
go beyond the study of language（言語の研究を超えている）
go beyond the scope of this paper（本稿の範囲を超えている）

096 □ be both too weak and too strong: 弱すぎもあり強すぎもある

Riddle's (2018) characterization **is both too weak and too strong**.
（Riddle (2018)の特徴づけは、弱すぎもあり強すぎもある。）

関連表現：be both positive and negative（正でもあり負でもある）
be both yes and no（イエスでもあればノーでもある）
be both concrete and abstract（具体的でもあれば抽象的でもある）

097 □ be bound to *do*: ～するはずである

His analysis **is bound to** serve as an important tool in this domain.
（彼の分析は、この領域において、1つの重要な道具立てとなるはずである。）

関連表現：be bound to disappear（消失するはずである）
be bound to lead to the claim that S+V
　　（～という主張につながるはずである）
be bound to conflict with A（Aと対立するはずである）
be bound to have limitations（限界があるはずである）

098 ☐ **be broken down into A:** Aに分解される

One hour can **be broken down into** sixty minutes.
（1時間は、60分に分解することができる。）

関連表現：be broken down into parts（部分に分解される）
be broken down into some steps（いくつかの段階に分解される）
break down it into four areas（それを4つの領域に分割する）
should break down（分解すべきである）

099 ☐ **be capable of *doing*:** ～することができる

Any theory must **be capable of** accounting for this fact.
（どんな理論も、この事実を説明することができなければならない。）

関連表現：be capable of learning them（それらを学習することができる）
be also capable of solving that problem
（その問題を解くこともできる）
a system capable of interpreting them
（それらを解釈することのできるシステム）

100 ☐ **be carried out:** 行われる

This research **was carried out** by John A. White.
（この研究は、John A. White氏によって行われた。）

関連表現：carry out an experiment（実験を行う）
carry out a series of experiments（一連の実験を行う）
be partially carried out（部分的に行われる）
have been carried out（行われてきた）
carry out such research（このような研究を行う）

101 ☐ **be caused by A:** Aによって引き起こされる

This phenomenon **is** usually **caused by** heating.
（この現象は、通常は加熱によって引き起こされる。）

関連表現：be usually caused by A（通常はAによって引き起こされる）
be not caused by them（それらによって引き起こされない）
be caused by the fact that S+V
（～という事実によって引き起こされる）
have been caused by A（Aによって引き起こされてきた）
the change caused by them（それらによって引き起こされた変化）

102 □ **be characterized as A:** Aとして特徴づけられる

Principle B can **be characterized as** a modified version of Principle A.
（原理Bは、原理Aの修正版として特徴づけることができる。）

関連表現：be commonly characterized as A（一般にはAとして特徴づけられる）
be characterized in terms of A（Aの観点から特徴づけられる）
be characterized by the following properties
（以下の特性によって特徴づけられる）
should not be characterized as A
（Aとして特徴づけられるべきではない）
can be characterized as follows（次のように特徴づけることができる）

103 □ **be closely tied up with A:** Aと密接に結び付いている

They **are closely tied up with** each other.
（それらは、お互いに密接に結び付いている。）

関連表現：be tied up with A（Aと結び付いている）
be quite intimately tied up with A（Aとかなり密接に結び付いている）

104 □ **be collected from A:** Aから収集される

All data **were collected from** the ABC Corpus.
（すべてのデータは、ABCコーパスから収集された。）

関連表現：collect data（データを集める）
from the evidence collected so far（ここまでに収集された証拠から）

105 □ **be collectively referred as A:** まとめてAと呼ばれる

They **are collectively referred as** electromagnetic energy.
（それらは、まとめて電磁エネルギーと呼ばれる。）

関連表現：be collectively called A（まとめてAと呼ばれる）
be collectively termed A（まとめてAと名付けられる）
taken collectively（まとめると）

106 □ **be complementary:** 相補的である

It is no surprise that they **are complementary** to each other.
（それらがお互いに相補的であることは、何ら驚くべきことではない。）

関連表現：be complementary to each other（お互いに相補的である）
in a complementary way（相補的に）

from a complementary perspective（相補的な観点から）
play a complementary role in A（Aにおいて相補的な役割を果たす）

---

107 ☐ **be composed of A:** Aから成る、Aからできている

Proteins **are composed of** amino acids.
（タンパク質はアミノ酸からできている。）

関連表現：be composed of cells（細胞からできている）
be not composed of A（Aからはできていない）

---

108 ☐ **be considered as A:** Aとして考えられる

It can also **be considered as** a special case of metaphor.
（それは、メタファーの特例としても考えることができる。）

関連表現：be considered as the latter type（後者のタイプとして考えられる）
be considered as part of A（Aの一部として考えられる）

---

109 ☐ **be considered inappropriate:** 不適切だと考えられている

Nowadays, this term **is considered inappropriate**.
（今日では、この用語は不適切だと考えられている。）

関連表現：be considered hierarchical（階層的であると考えられる）
be considered problematic（問題であると考えられる）

---

110 ☐ **be considered to** *do*: ～と考えられている

Obesity **is** now **considered to** be undesirable.
（肥満は、今や、望ましくないものと考えられている。）

関連表現：can be considered to *do*（～と考えることができる）
be generally considered to *do*（一般に～と考えられている）
be usually considered to *do*（通常は～と考えられている）
be no longer considered to *do*（もはや～とは考えられていない）
be considered to be based on A（Aに基づいていると考えられている）

---

111 ☐ **be contrasted with A:** Aと対比される

Polysemy **is contrasted with** homonymy.
（多義は同音異義と対比される。）

関連表現：can be contrasted with A（Aと対比することができる）
be not contrasted with A（Aとは対比されない）

should be contrasted with A（Aと対比されるべきである）
have been contrasted with A（Aと対比されてきた）
as contrasted with A（Aとは対照的に）

112 □ be controversial: 論争の種となっている、議論の余地がある

This view **is controversial** for many linguists.
（この見解は、多くの言語学者にとって、論争の種となっている。）

関連表現：be uncontroversial（論争の種となっていない、議論の余地はない）
be debatable（議論の余地がある）
be still controversial（依然として議論の余地がある）
be beyond controversy（議論の余地はない）
be without controversy（議論の余地はない）
be not particularly controversial（特に議論の余地はない）
be hardly controversial（ほとんど議論の余地はない）
be highly controversial（かなり議論の余地がある）

113 □ be convincing: 説得力がある

This argument **is** powerful and **convincing**.
（この議論は、強力で、説得力がある。）

関連表現：be insightful（洞察力に満ちている）
be not convincing（説得力がない）
quite convincing evidence（かなり説得力のある証拠）
convincing arguments（説得力のある議論）
an insightful discussion（洞察力のある議論）

114 □ be crucial to A: Aにとってはきわめて重要である

Context **is** also **crucial to** the comprehension of metaphors.
（文脈も、メタファーの理解にとってはきわめて重要である。）

関連表現：be not crucial to A（Aにとってはきわめて重要ではない）
be very crucial to A（Aにとってはきわめて重要である）
the conditions crucial to A（Aにとってはきわめて重要な条件）

115 □ be dependent on A: Aに依存している

The two systems **are** mutually **dependent on** each other.
（その2つのシステムは、お互いに相互依存している。）

関連表現：be dependent upon A（Aに依存している）

be strictly dependent on A（Aに厳密に依存している）
be not dependent on A（Aには依存していない）
be always dependent on A（Aには常に依存している）
be strongly dependent on A（Aに強く依存している）

---

116 □ **be difficult to define:** 定義しにくい

In fact, this concept may **be difficult to define**.

（事実、この概念は定義しにくいかもしれない。）

関連表現：be difficult to measure（計測しにくい）
be extremely difficult to measure（かなり計測しにくい）
be difficult to grasp（把握しにくい）
be difficult to interpret（解釈しにくい）
be not difficult to find（見つけにくくはない）

---

117 □ **be difficult to pin down:** 特定困難である

The cause of this event **is difficult to pin down**.

（この出来事の原因は、特定困難である。）

関連表現：pin down the cause（その原因を突き止める）
pin down these processes（これらのプロセスを突き止める）
be easy to pin down（突き止めやすい）

---

118 □ **be discussed in more detail:** より詳細に議論される

This idea **is discussed in more detail** in Section 3.3.

（この見解は、第3.3節でより詳細に議論される。）

関連表現：be discussed in Chapter 5（第5章で議論される）
be discussed repeatedly（繰り返し議論される）
be discussed in the next section（次節で議論される）
as Postal (2001) also discusses（Postal (2001)でも議論するように）
have recently been discussed（最近議論されてきた）
discuss the fact that S+V（〜という事実を議論する）

---

119 □ **be divided into two groups:** 2つのグループに分割される

The subjects **were divided into two groups**.

（その被験者は、2つのグループに分割された。）

関連表現：be further divided into two realms（さらに2つの領域に分割される）
have been divided into two subgroups

（２つの下位グループに分割されてきた）
divide it into two aspects（それを２つの側面に分割する）

---

120 □ **be due to A:** これはAによるものである

These results **are due to** a lack of knowledge.

（これらの結果は知識不足によるものである。）

関連表現：due to a lack of knowledge（知識不足のために）
due to this requirement（この要件のために）
due to the fact that S+V（〜という事実のために）
would be due to the fact that S+V（〜という事実のためであろう）
be not due to the fact that S+V（〜という事実のためではない）
due to space limitations（紙幅の都合上）

---

121 □ **be easy to measure:** 計測しやすい

In general, these substances **are easy to measure**.

（一般に、これらの物質は計測しやすい。）

関連表現：be easy to identify（同定しやすい）
be not easy to identify（同定しやすくない）
be very easy to understand（かなり理解しやすい）
be relatively easy to study（比較的研究しやすい）

---

122 □ **be either positive or negative:** 正か負かのいずれかである

The value **is either positive or negative**.

（その値は、正か負かのいずれかである。）

関連表現：be either strong or weak（強いか弱いかのいずれかである）
either optionally or obligatorily（選択的もしくは義務的のいずれかで）
in either case（いずれのケースでも）
be neither minimal nor maximal（最小でも最大でもない）
be neither a success nor a failure（成功でも失敗でもない）

---

123 □ **be embedded in A:** Aの中に埋め込まれる

More often than not, they **are embedded in** our language use.

（たいていは、それらは私たちの言語使用の中に埋め込まれている。）

関連表現：be deeply embedded in A（Aに深く埋め込まれている）
be strongly embedded in A（Aに強く埋め込まれている）
be indirectly embedded in A（Aに間接的に埋め込まれている）

be embedded in ecosystems（生態系の中に埋め込まれている）

124 ☐ **be enough to** *do*: ～するのには十分である

These data **are enough to** test Wilson's (2018) hypothesis.

（これらのデータは、Wilson (2018)の仮説を検証するのには十分である。）

関連表現：be not enough to *do*（～するのには十分ではない）
should be enough to *do*（～するのに十分であるべきである）
must be enough to *do*（～するのに十分でなければならない）
would be enough to *do*（～するのに十分であろう）

125 ☐ **be equated with A:** Aと同等である

It is generally believed that meaning construction **is equated with** conceptualization.

（意味構築は概念化と同等であると、一般には考えられている。）

関連表現：be fully equated with A（A と完全に同等である）

126 ☐ **be exceptional:** 例外的である

Recall that these cases **are exceptional**.

（これらのケースは例外的なものである点を思い出してほしい。）

関連表現：be exceptional in the sense that S+V（～という意味で例外的である）
be not exceptional（例外的ではない）
would be very exceptional（かなり例外的であろう）
an exceptional situation（例外的な状況）

127 ☐ **be exhaustively explored:** 包括的に探究される

This idea **is exhaustively explored** by Roland (2010).

（この見解は、Roland (2010) によって包括的に探究されている。）

関連表現：be comprehensively explored（包括的に探究される）
cannot be fully explored here
　　（ここでは完全に探究することができない）
be explored in great detail（かなり詳細に探究される）
the questions explored in this paper（本稿で探究される問題）
as explored in Long (2019)（Long (2019)で探究されるように）
very comprehensively（かなり包括的に）

128 ☐ **be explainable:** 説明することができる

These phenomena **are explainable** in terms of Principle B.
（これらの現象は、原理Bの観点から説明することができる。）

関連表現：can be explained（説明することができる）
be not explainable（説明することができない）

---

129 □ **be explained:** 説明される

These structures **are explained** in greater detail on page 32.
（これらの構造は、32ページでより詳細に説明される。）

関連表現：can be explained（説明することができる）
be explained straightforwardly（率直に説明される）
be rather naturally explained（かなり自然に説明される）
be explained by the fact that S+V（～という事実によって説明される）
should be explained in terms of A
　（Aの観点から説明されるべきである）
explain this asymmetry（この非対称性を説明する）
explain this difference（この違いを説明する）

---

130 □ **be extremely important:** きわめて重要である

King's (2018) claim **is extremely important**.
（King (2018)の主張は、きわめて重要である。）

関連表現：be very important（きわめて重要である）
be highly important（かなり重要である）
this important difference（この重要な違い）
the most important factor（最も重要な要因）
be not an important cue（重要な手がかりではない）

---

131 □ **be extremely rare:** きわめて稀である

London (2011) points out that this pattern **is extremely rare**.
（London (2011)は、このパターンは極めて稀であると指摘している。）

関連表現：be very rare（かなり稀である）
may be rare（稀であるかもしれない）
be quite rare（かなり稀である）
except in rare cases（稀なケースを除いて）
a relatively rare disorder（比較的稀な障害）

---

132 □ **be fairly simple:** かなり単純である

However, the basic ideas **are fairly simple**.

（しかしながら、基本的な考え方は、かなり単純である。）

関連表現：be fairly new（かなり新しい）
be fairly straightforward（かなり率直である）
be fairly universal（かなり普遍的である）
be fairly common（かなり一般的である）
be fairly abstract（かなり抽象的である）
be fairly large（かなり大きい）

133 ☐ **be far from the truth:** 真実から程遠い

In short, this observation **is far from the truth**.

（要するに、この見解は真実から程遠いのである。）

関連表現：be far from conclusive（結論には程遠い）
be far from clear（明確ではない）
be far from perfect（完璧ではない）
be far from a trivial problem（些細な問題ではない）

134 ☐ **be filled with A:** Aで満たされる

These spaces **are filled with** air.

（これらの空間は、空気で満たされている。）

関連表現：be filled with problems（問題で満たされている）
must be filled with it（それで満たされなければならない）

135 ☐ **be first formulated:** はじめて定式化される

This idea **was first formulated** in London & Poland (2000).

（この見解は、London & Poland (2000)ではじめて定式化された。）

関連表現：be first proposed（はじめて提案される）
be first suggested（はじめて示唆される）
be first introduced（はじめて導入される）

136 ☐ **be further elaborated:** さらに精緻化される

This proposal **is further elaborated** in Brown (2020).

（この提案は、Brown (2020)でさらに精緻化されている。）

関連表現：be further investigated（さらに探究される）
should be further strengthened（さらに強化されるべきである）
can be elaborated（精緻化することができる）

as elaborated in Kita (2009)（Kita (2009)で精緻化されるように）

---

137 □ **be generally called A:** 一般にAと呼ばれる

The study of heat energy in chemical reactions **is generally called** thermochemistry.

（化学反応における熱エネルギーの研究は、一般に熱化学と呼ばれる。）

関連表現：be called A（Aと呼ばれる）
be traditionally called A（伝統的にはAと呼ばれる）
be usually called A（通常はAと呼ばれる）
be sometimes called A（時にAと呼ばれる）
be also called A（Aとも呼ばれる）
so-called derivational models（いわゆる派生モデル）

---

138 □ **be given in Table 3:** 表3に提示される

The results **are given in Table 3**.

（その結果は表3に提示されている。）

関連表現：be given below（以下に提示される）
be given in Section 3（第3節で提示される）
be given in (10)（(10)に提示される）
cannot be given here（ここでは提示することができない）
the examples given here（ここで提示された事例）

---

139 □ **be good at *doing*:** ～するのが上手である、～するのが得意である

It has many disadvantages. For one thing, they **are** not **good at** dealing with these problems.

（それには多くの欠点がある。1つには、彼らはこれらの問題を取り扱うのが上手ではない。）

関連表現：be not good at *doing*（～するのが上手でない、～するのが得意でない）
be very good at *doing*（～するのがかなり得意である）
be particularly good at *doing*（～するのが特に得意である）
be poor at *doing*（～するのが不得手である）

---

140 □ **be grateful to A:** Aに感謝する

We **are** also **grateful to** Paul Taylor for his valuable comments.

（価値あるコメントをくれたことに対して、Paul Taylor氏にも感謝したい。）

関連表現：be especially grateful to A（A氏に特に感謝したい）

be particularly grateful to A（A氏に特に感謝したい）
be sincerely grateful to A（A氏に心から感謝したい）
be also grateful to A（A氏にも感謝したい）

---

141 ☐ **be half the diameter:** 直径の半分である

This is the same as saying that the radius **is half the diameter**.
（これは、半径は直径の半分であると言うのと同じことである。）

関連表現：be half the total weight（総重量の1/2である）
be about half the amount of oxygen（酸素量の約1/2である）

---

142 ☐ **be hardly surprising:** ほとんど驚くに当たらない

Either way, Coulson's (2016) claim **is hardly surprising**.
（いずれにしても、Coulson (2016)の主張はほとんど驚くに当たらない。）

関連表現：be not surprising（驚くべきことではない）
it is hardly surprising that S+V
　　（〜ということはほとんど驚くに当たらない）
be somewhat surprising（やや驚くに値する）
be not at all surprising（まったく驚くには値しない）
a surprising conclusion（驚くべき結論）
there is nothing surprising about A
　　（Aに関しては驚くべきことは何もない）

---

143 ☐ **be highly flexible:** かなり柔軟である

These categories **are highly flexible**.
（これらのカテゴリーは、かなり柔軟である。）

関連表現：be highly important（かなり重要である）
be highly desirable（かなり望ましい）
have been highly controversial（かなり議論を呼んできた）
highly abstract principles（かなり抽象的な原理）

---

144 ☐ **be identical in form:** 形状において同一である

They **are** usually **identical in form**.
（それらは、通常は、形状において同一である。）

関連表現：be apparently identical to A（明らかにAと同一である）
be almost identical（ほぼ同一である）
be not identical（同一ではない）

remain identical（同一のままである）
using identical stimuli（同一の刺激を使って）

---

145 ☐ **be illustrated in Figure 3:** 図3に図示される

This **is illustrated in Figure 3**.

（これは図3に図示されている。）

関連表現：be depicted in Figure 5（図5に描かれる）
be represented in Figure 3（図3に示される）
be shown in Figure 2（図2に示される）
be given in Figure 4（図4に示される）
as shown in Figure 1（図1に示されるように）
as in Figure 1（図1にあるように）
the diagram in Figure 8（図8の図式）

---

146 ☐ **be in conflict with A:** Aと対立している

This position **is in conflict with** Johnson's (2016) idea.

（この立場は、Johnson (2016)の見解と対立している。）

関連表現：be not in conflict with A（A とは対立していない）

---

147 ☐ **be in keeping with A:** Aと一致している

This finding **is in keeping with** recent work in cognitive linguistics.

（この成果は、認知言語学における最近の研究と一致している。）

関連表現：be out of keeping with A（Aと一致していない）
be quite in keeping with A（Aとかなり一致している）

---

148 ☐ **be in line with A:** Aと一致している

This finding **is in line with** Bender's (2017) research.

（この成果は、Bender (2017)の研究と一致している。）

関連表現：be very much in line with A（Aとかなり一致している）
be fully in line with A（Aと完全に一致している）

---

149 ☐ **be in relation to A:** Aと関連している

The third answer **is in relation to** our everyday life.

（3番目の答えは、私たちの日常生活と関連している。）

関連表現：be discussed in relation to A（Aとの関連で議論される）

in particular in relation to A（特にAとの関連で）

---

150 □ **be in use:** 使用されている

This method **is** still **in use** today.

（この手法は、今日でも、依然として使用されている。）

関連表現：be still in use（依然として使用されている）
be currently in use（今日使用されている）
be already in use（既に使用されている）

---

151 □ **be involved in A:** Aに関与する

These cognitive processes are thought to **be involved in** language learning.

（これらの認知プロセスは言語学習に関与するものと考えられている。）

関連表現：be not involved in A（Aには関与しない）
be also involved in A（Aにも関与している）
may be directly or indirectly involved in A
　　　　（直接的にもしくは間接的にAに関与しているかもしれない）
the brain areas involved in language comprehension
　　　　（言語理解に関与している脳の領域）

---

152 □ **be just one of many examples:**
ただ単に多くの例の一例に過ぎない

This **is just one of many examples**.

（これはただ単に多くの例の一例に過ぎない。）

関連表現：be just one of several factors
　　　　（ただ単にいくつかの要因の１つに過ぎない）
be just one of them（ただ単にそれらの１つに過ぎない）

---

153 □ **be known as A:** Aとして知られる

This **is known as** a chain reaction.

（これは連鎖反応として知られている。）

関連表現：be also known as A（Aとしても知られる）
be sometimes known as A（時にはAとしても知られる）
be generally known as A（一般にはAとして知られる）
be commonly known as A（一般にAとして知られている）
become known as A（Aとして知られるようになる）

---

154 ☐ **be largely based on A:** 主としてAに基づいている

The discussion here **is largely based on** the work of Orwell (1999).

(ここでの議論は、主としてOrwell (1999)の研究に基づいている。)

関連表現：be based on A （Aに基づいている）
be mainly based on A （主としてAに基づいている）
be based on the fact that S+V （〜という事実に基づいている）
the analyses based on Rubin (2012) （Rubin (2012)に基づく分析）
based on the following data （以下のデータに基づいて）

155 ☐ **be left open:** 未解決のままである

This question **is left open**.

(この問題は未解決のままである。)

関連表現：an open question （未解決の問題）
leave open the question of A （Aの問題を未解決のままにする）
be left unresolved （未解決のままである）
be left unspecified （不特定のままである）

156 ☐ **be liable to *do*:** 〜しやすい

These habits **are liable to** cause cancer.

(これらの習慣は、ガンを引き起こしやすい。)

関連表現：be liable to A （Aにかかりやすい）
be liable to various diseases （様々な病気にかかりやすい）

157 ☐ **be listed in Table 3:** 表3に列挙される

The results of this experiment **are listed in Table 3**.

(この実験の結果は、表3に列挙されている。)

関連表現：be given in Table 1 （表1に示される）
be shown in Table 2 （表2に示される）
be indicated in Table 3 （表3に示される）
the values in Table 2 （表2の値）
as Table 7 shows （表7が示すように）
as shown in Table 2 （表2に示されるように）

158 ☐ **be low in frequency:** 頻度が低い

These words **are low in frequency** of use.

(これらの語彙は使用頻度が低い。)

関連表現：be high in frequency（頻度が高い）
be far higher in frequency than A（Aよりも頻度の点でさらに高い）
differ in frequency（頻度の点で異なる）

159 ☐ **be made up of A:** Aで成り立つ

Because of this, it follows that all organisms **are made up of** cells.
（このため、すべての生物は細胞から成り立っているということになる。）

関連表現：be made up of words（語で成り立っている）
be not made up of A（Aでは成り立っていない）

160 ☐ **be midway between A and B:** AとBの中間地点にある

Its value **is midway between** 0 **and** 9.
（その値は、0 と 9 の中間地点にある。）

161 ☐ **be misleading:** 誤解を招きかねない

To put it differently, this view **is misleading**.
（別の言い方をすれば、この見解は誤解を招きかねないということである。）

関連表現：be somewhat misleading（やや誤解を招きかねない）
it is misleading to say that S+V（～と言うのは誤解を招きかねない）
a very misleading term（かなり誤解につながる用語）
may be misleading（誤解を招きかねないかもしれない）

162 ☐ **be negligible:** 無視できる、無視可能である

In this case, gravitational forces **are negligible**.
（この場合には、重力は無視可能である。）

関連表現：can be neglected（無視できる、無視可能である）
can be ignored（無視できる、無視可能である）
may be negligible（無視できるかもしれない）
a negligible part（無視できる部分）
tend to be neglected（無視される傾向にある）
ignore the fact that S+V（～という事実を無視する）

163 ☐ **be not always clear-cut:** 必ずしも明確ではない

This distinction **is not always clear-cut**.
（この区分は、必ずしも明確なものではない。）

関連表現：be not necessarily clear-cut（必ずしも明確ではない）

be clear-cut（明確である）
a particularly clear-cut case（特に明確なケース）
more clear-cut evidence（より明確な証拠）
seem clear-cut（明確なように思える）

164 □ be not always straightforward: 必ずしも率直ではない

This interpretation **is not always straightforward**.

（この解釈は、必ずしも率直なものではない。）

関連表現：be not necessarily straightforward（必ずしも率直ではない）
be fairly straightforward（かなり率直である）
a straightforward explanation（率直な説明）
fairly straightforward examples（かなり率直な例）
in a more straightforward manner（より率直に）

165 □ be not always that simple: 必ずしもそれほど単純ではない

However, things **are not always that simple**.

（しかしながら、物事は必ずしもそれほど単純ではない。）

関連表現：be not that simple（それほど単純ではない）
be not that similar to A（Aにはそれほど似てはいない）

166 □ be not based on A: A に基づいていない

Hence, they **are not based on** perceptual experience.

（したがって、それらは知覚経験に基づいていない。）

関連表現：be based on A（A に基づいている）
be not based on experience（経験に基づいていない）
be not based on the notion of time（時間概念に基づいていない）
be not based on hypothesis testing（仮説検定に基づいていない）

167 □ be not classified as A: Aとしては分類されない

Therefore, they **are not classified as** vitamins.

（したがって、それらはビタミンとしては分類されない。）

関連表現：be classified as A（Aとして分類される）
be classified as an instance of A（Aの一例として分類される）
be usually classified as A（通常はAとして分類される）
can be classified as follows（以下のように分類することができる）

168 ☐ **be not constant:** 一定ではない

The weight of an object **is not constant**.

（物体の重さは一定ではない。）

> **関連表現**：be constant（一定である）
> be always constant（常に一定である）
> remain constant（一定のままである）

169 ☐ **be not fully predictable:** 完全には予測することができない

These patterns **are not fully predictable**.

（これらのパターンは、完全には予測することができない。）

> **関連表現**：be not fully predictable from A（Aからは完全には予測できない）
> be completely predictable（完全に予測可能である）
> be in part predictable（部分的に予測可能である）
> be not predictable（予測できない）
> be not completely predictable（完全には予測できない）
> predictable patterns（予測可能なパターン）

170 ☐ **be not homogenous:** 同質ではない

In fact, these categories **are not homogenous**.

（事実、これらのカテゴリーは同質ではない。）

> **関連表現**：be homogenous（同質である）
> a heterogeneous factor（異質な要因）
> be heterogeneous（異質である）
> be highly heterogeneous（かなり異質である）
> a heterogeneous constraint（異質な制約）

171 ☐ **be not in doubt:** 疑う余地がない

This fact **is not in doubt**.

（この事実は疑う余地がない。）

> **関連表現**：be not even in doubt（疑う余地さえない）

172 ☐ **be not mentioned:** 述べられていない、言及されていない

In Levinson's (2012) study, this point **is not mentioned**.

（Levinson (2012)の研究では、この点が述べられていない。）

> **関連表現**：mention two points（2つの点に言及する）

as mentioned above（上述のように）
as already mentioned（既に述べたように）
the similarities mentioned above（上述の類似性）
make no mention of A（Aについては何も言及していない）
deserve mention（言及に値する）

173 □ be not present: 存在していない

This important point **is not present** in Apple's (2015) explanation.
（この重要な論点は、Apple (2015)の説明の中には、出てきていない。）

関連表現：be present（存在している）
be already present（既に存在している）
be always present（常に存在している）
must be present（存在しなければならない）
have always been present（常に存在してきた）

174 □ be not relevant to A: Aとは関係がない

These factors **are not relevant to** the current discussion.
（これらの要因は、ここでの議論とは関係がない。）

関連表現：be relevant to A（Aと関係がある）
be directly relevant to A（Aと直接的に関係がある）
be especially relevant to A（Aと特に関係がある）
be particularly relevant to A（Aと特に関係がある）
be also relevant to A（Aとも関係がある）
the items relevant to this process（このプロセスと関連のある項目）

175 □ be not scientifically justified: 科学的に正当化されない

This indicates that the argument **is not scientifically justified**.
（これは、その議論が科学的に正当化されないことを示している。）

関連表現：be not justified（正当化されない）
be widely justified（広く正当化されている）
should be justified（正当化されるべきである）
this repeatedly justified claim（この繰り返し正当化された主張）
justify the existence of A（Aの存在を正当化する）

176 □ be not so clear: それほど明確ではない

However, this distinction **is not so clear**.
（しかしながら、この区分はそれほど明確ではない。）

関連表現：be not so simple（それほど単純ではない）
be not so easy（それほど簡単ではない）
be not so obvious（それほど明らかではない）
be not so common（それほど一般的ではない）
be not so surprising（それほど驚きではない）
be not so straightforward（それほど率直ではない）

---

177 ☐ **be not the case:** 誤っている、間違っている

This **is** clearly **not the case**.
（これは明らかに誤っている。）

関連表現：be the case（正しい）
seem to be the case（正しいように思われる）
would be the case（正しいであろう）
it may be the case that S+V（〜ということは正しいかもしれない）
it must also be the case that S+V
　　（〜ということも正しくなければならない）
have been claimed to be the case（正しいと主張されてきた）
assuming this to be the case（これが正しいと仮定すると）

---

178 ☐ **be not the same as A:** Aと同じではない

The notion of a sentence **is not the same as** an utterance.
（文という概念は、発話とは同じではない。）

関連表現：be the same as A（Aと同じである）
be essentially the same as A（Aと本質的に同じである）
be exactly the same as A（Aとまさに同じである）
be almost the same as A（Aとほぼ同じである）
be basically the same as A（Aと基本的に同じである）
should be the same as A（Aと同じであるべきである）
must be the same as A（Aと同じでなければならない）

---

179 ☐ **be not the whole story:** 事の真相の全てではない

As Orwell (1988) convincingly shows, this **is not the whole story**.
（Orwell (1988) が説得的に示しているように、これが事の真相の全てではない。）

---

180 ☐ **be not without limitations:** 制限がないわけではない

However, this experiment **is not without limitations**.

（しかしながら、この実験には制限がないわけではない。）

関連表現：such limitations（このような制限）
memory limitations（記憶制限）
due to space limitations（スペース制限のため、紙幅の都合上）
have limitations（制限がある）

---

181 ☐ **be not without problems:** 問題がないわけではない

However, Black's (2007) account **is not without problems**.

（しかしながら、Black (2007)の説明には、問題がないわけではない。）

関連表現：be not entirely without problems（まったく問題がないわけではない）

---

182 ☐ **be not yet clear:** まだ明らかではない

Whether this analysis is correct **is not yet clear**.

（この分析が正しいかどうかは、まだ明らかではない。）

関連表現：be not clear at all（全く明らかではない）
be still not clear（依然として不明確である）
be completely clear（完全に明確である）
it is fairly clear that S+V（～ということはかなり明確である）
it seems clear that S+V（～ということは明確なように思われる）
it has become clear that S+V（～ということが明確になってきた）
relatively clear examples of A（Aの比較的明確な事例）

---

183 ☐ **be not yet fully understood:** まだ完全には理解されていない

This mechanism **is not yet fully understood**.

（このメカニズムは、まだ完全には理解されていない。）

関連表現：be not yet known（まだ知られていない）
be not yet explained（まだ説明されていない）
be not yet discovered（まだ発見されていない）
be not yet accounted for（まだ説明されていない）
be not yet capable of *doing*（まだ～できない）
do not yet exist（まだ存在しない）

---

184 ☐ **be of great importance:** きわめて重要である

These laws **are of great importance** in the field of chemistry.

（化学の領域では、これらの法則はきわめて重要である。）

関連表現：be of critical importance（決定的に重要である）

be of particular importance（特に重要である）
be of importance（重要である）
be of critical importance（決定的に重要である）
would be of considerable importance（かなり重要であろう）
may be of great importance（かなり重要であるかもしれない）

185 ☐ **be of particular relevance to A:** Aと特に関連がある

These concepts **are of particular relevance to** language learning.
（これらの概念は、言語学習と特に関連がある。）

関連表現：be of relevance to philosophy（哲学と関連がある）
be of relevance to many frameworks（多くの枠組みと関連がある）
should be of relevance to A（Aと関連があるべきである）

186 ☐ **be on the increase:** 増加傾向にある

Food allergies **are on the increase** in many countries.
（食物アレルギーは、多くの国々で、増加傾向にある。）

関連表現：be on the decrease（減少傾向にある）

187 ☐ **be on the rise:** 上昇傾向にある

Japan's food self-sufficiency rate **is on the rise**.
（日本の食料自給率は、上昇傾向にある。）

関連表現：be on the decline（下降傾向にある）

188 ☐ **be one well-known example:** よく知られた一例である

Global warming **is one well-known example.**
（地球温暖化は、よく知られた一例である。）

関連表現：be one example（１つの例である）
be an interesting example（興味深い一例である）
be a recent example（最近の一例である）
be a representative example（代表的な一例である）
be a classic example（古典的な一例である）
be the standard example（標準的な一例である）

189 ☐ **be only a matter of degree:** ただ単に程度問題に過ぎない

This **is only a matter of degree**.
（これはただ単に程度問題に過ぎない。）

関連表現：a matter of empirical fact（経験的事実の問題）
a matter of definition（定義の問題）
a matter of pronunciation（発音の問題）
a matter of interpretation（解釈の問題）
a matter of notation（表記法の問題）
a matter of terminology（用語法の問題）

190 □ be only the tip of the iceberg: ただ単に氷山の一角に過ぎない

This **is only the tip of the iceberg**.

（これはただ単に氷山の一角に過ぎない。）

関連表現：be just the tip of the iceberg（ただ単に氷山の一角に過ぎない）
be only the tip of an iceberg（ただ単に氷山の一角に過ぎない）
be just the tip of an iceberg（ただ単に氷山の一角に過ぎない）

191 □ be parallel: 平行である

These two line segments **are parallel**.

（この2つの線分は平行である。）

関連表現：two parallel lines（2本の平行線）
parallel lines（平行線）
be parallel to the *x*-axis（*x*軸と平行である）
be almost parallel（ほぼ平行である）
be completely parallel to A（Aと完全に平行である）

192 □ be particularly influential: 特に影響力がある

Hence, such a view **is particularly influential**.

（したがって、このような見解は、特に影響力がある。）

関連表現：be highly influential（かなり影響力がある）
King's (1984) influential study（King (1984)の影響力のある研究）
an influential paper（影響力のある論文）

193 □ be particularly pointless: 特に的外れである

Johnson's (2011) discussion **is particularly pointless**.

（Johnson (2011)の議論は、特に的外れである。）

関連表現：be pointless（的外れである）
be completely pointless（完全に的外れである）
be pointless from the start（最初から的外れである）

seem pointless（的外れのように思われる）
a pointless discussion（的外れな議論）
it is pointless to *do*（〜するのは的外れである）
it would be pointless to *do*（〜するのは的外れであろう）

194 □ **be perpendicular to each other:** お互いに垂直である

Normally, the two lines **are perpendicular to each other**.
（通常は、その2つの線はお互いに垂直である。）

関連表現：be perpendicular to the *y*-axis（*y*軸に対して垂直である）
be not perpendicular to the *x*-axis（*x*軸に対して垂直ではない）
be nearly perpendicular（ほぼ垂直である）

195 □ **be persuasive:** 説得力がある

This hypothesis **is persuasive**, but it is also controversial.
（この仮説は説得力があるが、議論の余地も残している。）

関連表現：be very persuasive（かなり説得力がある）
be not persuasive（説得力がない）
be far from persuasive（説得力がない）
seem persuasive（説得力があるように思える）
a quite persuasive account（かなり説得力のある説明）
fairly persuasive conclusions（かなり説得力のある結論）
in a particularly persuasive way（特に説得力のある形で）

196 □ **be plausible:** 妥当である

Fox's (2020) hypothesis **is plausible**, but untestable.
（Fox (2020)の仮説は妥当であるが、検証不可能である。）

関連表現：be very plausible（かなり妥当である）
be biologically plausible（生物学的に妥当である）
a more plausible approach（より妥当なアプローチ）
a plausible way to *do*（〜する妥当な方法）
it is plausible to *do*（〜することは妥当である）
it is plausible to assume that S+V（〜と仮定するのは妥当である）

197 □ **be present everywhere:** 到る所に存在している

This kind of phenomenon **is present everywhere**.
（この種の現象は、到る所に存在している。）

関連表現：be omnipresent（到る所に存在している）

198 □ **be presented in Section 5:** 第5節で提示される

The limitations of this approach **are presented in Section 5**.

（このアプローチの限界は、第5節で提示される。）

関連表現：be discussed in Section 3（第3節で議論される）
be introduced in Section 5（第5節で導入される）
the discussions in Section 2（第2節の議論）
as shown in Section 2（第2節で示されるように）

199 □ **be published:** 発表される、出版される

This theory **was published** in 1860.

（この理論は1860年に発表された。）

関連表現：be first published（はじめて発表される）
be originally published in 1991（元々は1991年に出版される）
be not yet published（まだ発表されていない）
publish an academic book（学術書を出版する）

200 □ **be put forward:** 提唱される、提案される

This hypothesis **was** first **put forward** in the 1970s.

（この仮説は、1970年代にはじめて提唱された。）

関連表現：put forward this theory（この理論を提唱する）
have been put forward（提案されてきた）
the arguments put forward in Long (2001)
（Long (2001)で提唱された議論）

201 □ **be rarely used:** めったに使用されない、たまにしか使用されない

It **is rarely used** in scientific studies.

（それは科学研究ではめったに使用されない。）

関連表現：be rarely discussed（めったに議論されない）
be now often used（今やよく使われる）
be widely used（広く使用される）
be sometimes used（時々使用される）
be still used（依然として使用されている）
can be used as A（Aとして使用可能である）

202 ☐ **be rather sophisticated:** かなり精緻化されている

These mechanisms **are rather sophisticated**.

（これらのメカニズムは、かなり精緻化されている。）

関連表現：be rather surprising（かなりの驚きである）
be rather complex（かなり複雑である）
be rather exceptional（かなり例外的である）
be rather common（かなり一般的である）

203 ☐ **be reanalyzed:** 再分析される

Their claim can **be reanalyzed** as follows:

（彼らの主張は、下記のように再分析することができる。）

関連表現：be analyzed as A（Aとして分析される）
can also be analyzed as A（Aとしても分析可能である）
a reanalyzed structure（再分析された構造）
reanalyze these data（これらのデータを再分析する）
be usually analyzed as A（通常はAとして分析される）
analyze these cases（これらの事例を分析する）

204 ☐ **be reexamined:** 再考される

In this paper, the following basic questions **are reexamined**:

（本稿では、以下に挙げる基本的な問題が再考される。）

関連表現：be reconsidered（再考される）
be reevaluated（再評価される）
be reintroduced（再導入される）
be reconstructed（再構築される）
be revisited（再考される）
be reformulated as A（Aとして再定式化される）
must be rethought（再考されなければならない）

205 ☐ **be regarded as A:** Aとして見なされる

They **are regarded as** foods rather than medicines.

（それらは、医薬品というよりも、むしろ食物として見なされている。）

関連表現：be not regarded as A（Aとしては見なされない）
be now regarded as A（今やAとして見なされている）
be commonly regarded as A（通常はAとして見なされる）
can be regarded as A（Aとして見なすことができる）

should be regarded as A （Aとして見なされるべきである）
have come to be regarded as A
　（Aとして見なされるようになってきた）

---

206 ☐ **be relatively heavy:** 比較的重たい、相対的に重たい

These substances **are relatively heavy**.

（これらの物質は比較的重たい。）

関連表現：be relatively small （比較的小さい）
　　　　　be relatively easy （比較的簡単である）
　　　　　be relatively low （比較的低い）
　　　　　be relatively new （比較的新しい）
　　　　　be relatively free （比較的自由である）
　　　　　be relatively low （比較的低い）
　　　　　be relatively high （比較的高い）

---

207 ☐ **be roughly equal in size:** 大きさにおいてほぼ等しい

They **are roughly equal in size**.

（それらは大きさにおいてほぼ等しい。）

関連表現：be quantitatively equal （量的に等しい）
　　　　　be fundamentally equal （基本的に等しい）
　　　　　be not equal （等しくない）
　　　　　be equal to A （Aと等しい）
　　　　　be equal in all respects （すべての点で等しい）

---

208 ☐ **be said to do:** ～と言われる

In this case, B **is said to** be a subset of A.

（この場合には、BはAの部分集合であると言われる。）

関連表現：be said to be an example of A （Aの一例であると言われる）
　　　　　can be said to *do* （～と言うことができる）
　　　　　may be said to *do* （～と言われるかもしれない）
　　　　　must be said to *do* （～と言われなければならない）
　　　　　should not be said to *do* （～と言われるべきではない）

---

209 ☐ **be seen as A:** Aとして考えられる

This should **be seen as** a special case.

（これは、特例として考えられるべきである。）

関連表現：be not seen as A（Aとしては考えられない）
can be seen as A（Aとして考えることができる）
may also be seen as A（Aとしても考えられるかもしれない）
have been seen as A（Aとして考えられてきた）

210 □ **be separated into A:** Aに分割される

The study of language **is separated into** distinct subfields.
（言語の研究は、様々な下位領域に分割される。）

関連表現：be separated into four conditions（4つの条件に分割される）
be separated into two types（2つのタイプに分割される）
can be separated into three parts
（3つの部分に分割することができる）

211 □ **be shown below:** 下記に示される

Other examples **are shown below**:
（その他の例は、下記に示されている。）

関連表現：be given below（下記に示される）
be presented below（下記に提示される）
be discussed below（下記で議論される）
be repeated below as (6)（下記に(6)として繰り返される）
as discussed below（下記で議論されるように）
see below（下記を参照されたい）
the example below（下記の例）

212 □ **be shown in bold type:** 太字で示される

These elements **are shown in bold type**.
（これらの要素は太字で示してある。）

関連表現：be marked in bold type（太字で示される）
be printed in bold type（太字で印刷される）

213 □ **be shown in italics:** イタリック体（斜体）で示される

These conditions **are shown in italics**.
（これらの条件は、イタリック体で示されている。）

関連表現：the conditions shown in italics（斜体で示された条件）
numbers in italics（イタリック体の数字）
the phrase in italics（イタリック体のフレーズ）

214 ☐ **be similar to A:** Aに似ている、Aに類似している

In some ways, this **is similar to** Lewis's (2017) approach.
(いくつかの点で、これはLewis (2017)のアプローチに似ている。)

> **関連表現**：be very similar to A（Aにかなり似ている）
> be similar to one another（お互いに似ている）
> be quite similar to A（Aにかなり似ている）
> be structurally similar to A（構造的にAに似ている）
> be not similar to A（Aには似ていない）
> a structure similar to A（Aに似た構造）

215 ☐ **be slightly different from A:** Aとは少し異なっている

This notion **is slightly different from** the one proposed in Prince (2018).
(この概念は、Prince (2018)で提案されたものとは少し異なっている。)

> **関連表現**：be different from A（Aとは異なっている）
> be somewhat different from A（Aとは少し異なっている）
> be quite different from A（Aとはかなり異なっている）
> be very different from A（Aとはかなり異なっている）
> be completely different from A（Aとは完全に異なっている）
> be crucially different from A（Aとは決定的に異なっている）
> be not different from A（Aとは異なっていない）
> be no different from A（Aとは何も異なっていない）

216 ☐ **be somewhat problematic:** 少し問題がある

Riddle's (2009) view **is somewhat problematic**.
(Riddle (2009)の見解には、少し問題がある。)

> **関連表現**：be problematic（問題がある）
> be also problematic（～も問題がある）
> be conceptually problematic（概念的に問題がある）
> be not necessarily problematic（必ずしも問題ではない）
> seem to be problematic（問題があるように思われる）
> two problematic cases（2つの問題のあるケース）

217 ☐ **be somewhat skeptical:** やや懐疑的である

Johnson (2018) **is somewhat skeptical** about this idea.
(Johnson (2018)は、この見解にやや懐疑的である。)

> **関連表現**：be skeptical about A（Aには懐疑的である）

be extremely skeptical of A（Aにはかなり懐疑的である）
this skeptical view（この懐疑的な見解）
a number of skeptical comments（数々の懐疑的なコメント）

218 □ **be split into A:** Aに分割される

It can **be split into** simpler structures.
（それはより単純な構造へと分割されうる。）

関連表現：be split into two rules（2つの規則に分割される）
be split into three parts（3つの部分に分割される）
split it into two types（それを2つのタイプに分割する）

219 □ **be still not well understood:** まだよく理解されていない

The details of this mechanism **are still not well understood**.
（このメカニズムの詳細は、まだよく理解されていない。）

関連表現：be still not understood（依然として理解されていない）
be not well understood（よく理解されていない）
be very well understood（かなりよく理解されている）
be reasonably well understood（かなりよく理解されている）
be fairly well understood（かなりよく理解されている）
be relatively well understood（比較的よく理解されている）

220 □ **be structured:** 構造化される

These systems **are structured** without awareness.
（これらのシステムは、無意識の内に構造化される。）

関連表現：be hierarchically structured（階層的に構造化される）
be structured as in (3)（(3)にあるように構造化される）
be structured as follows（以下のように構造化される）
be structured into three parts（3つの部分へと構造化される）
a structured system（構造化されたシステム）

221 □ **be subdivided into A:** Aに下位分割される

Furthermore, it **is subdivided into** the following three groups:
（さらには、それは以下の3つのグループに下位分割される。）

関連表現：be subdivided into two systems（2つのシステムに下位分割される）
be further subdivided into two parts
（さらには2つの部分に下位分割される）

222 □ **be suitable for A:** Aには適している

Hence, these conditions **are suitable for** the following animals:
（したがって、これらの条件は以下の動物には適している。）

関連表現：be not suitable for A（Aには適していない）
be suitable only for A（Aのみに適している）
be especially suitable for A（Aに特に適している）
be particularly suitable for A（Aに特に適している）
a structure suitable for use（使用に適している構造）

223 □ **be suitable for** *doing*：～するのに適している

This method **is** particularly **suitable for** analyzing the following data:
（この手法は、以下のデータを分析するのに特に適している。）

関連表現：be particularly suitable for *doing*（～するのに特に適している）
be especially suitable for *doing*（～するのに特に適している）
be not suitable for *doing*（～するのには適していない）

224 □ **be taken up again:** 再び取り上げられる

These problems **are taken up again** in the final chapter.
（これらの問題は、最終章で再び取り上げられる。）

関連表現：be taken up below（以下で取り上げられる）
be taken up in the following section（以下の節で取り上げられる）
be taken up in more detail（より詳細に取り上げられる）
take up this question（この問題を取り上げる）

225 □ **be tentatively assumed:** 暫定的に仮定される

In this paper, the following points **are tentatively assumed**:
（本稿では、以下の点が暫定的に仮定される。）

関連表現：be tentatively adopted（暫定的に採用される）
be tentatively analyzed as A（暫定的にAとして分析される）
be generally assumed（一般に仮定される）
be tacitly assumed（暗黙のうちに仮定さている）
it is widely assumed that S+V（～ということが広く仮定されている）

226 □ **be tested experimentally:** 実験によって検証される

This hypothesis must **be tested experimentally**.
（この仮説は、実験によって検証されなければならない。）

関連表現：be first tested（はじめて検証される）
　　　　　　must be tested（検証されなければならない）
　　　　　　can be tested easily（容易に検証可能である）
　　　　　　cannot be tested here（ここでは検証することができない）
　　　　　　have been empirically tested（経験的に検証されてきた）
　　　　　　test these hypotheses（これらの仮説を検証する）

---

227 ☐ **be that as it may:** いずれにしても

Be that as it may, this problem cannot be solved here.
（いずれにしても、この問題はここでは解決することができない。）

関連表現：that is as may be（いずれにしても）
　　　　　　in any case（いずれにしても）
　　　　　　at any rate（いずれにしても）
　　　　　　in any event（いずれにしても）

---

228 ☐ **be the same thing as A:** Aと同じものである

This is not to say that thought **is the same thing as** language.
（これは、思考が言語と同じものであると言っているのではない。）

関連表現：be not the same thing as A（Aと同じものではない）

---

229 ☐ **be theoretically welcome:** 理論的に歓迎される

Such a claim **is theoretically welcome** inasmuch as it suggests.
（このような主張は、それが示唆するのだから、理論的に歓迎される。）

関連表現：be theoretically plausible（理論的に妥当である）
　　　　　　be theoretically problematic（理論的に問題がある）
　　　　　　be theoretically undesirable（理論的に望ましくない）
　　　　　　a theoretically satisfactory account（理論的に満足のゆく説明）

---

230 ☐ **be thought of as A:** Aとして考えられる

This can also **be thought of as** a dynamic cognitive process.
（これは、ダイナミックな認知プロセスとしても考えることができる。）

関連表現：can also be thought of as A（Aとしても考えることができる）
　　　　　　be usually thought of as A（通常はAとして考えられる）
　　　　　　should be thought of as A（Aとして考えられるべきである）
　　　　　　should not be thought of as A（Aとして考えられるべきではない）
　　　　　　may be thought of as A（Aとして考えられるかもしれない）

231 ☐ **be thought to *do*:** 〜と考えられる

These cognitive processes **are thought to** be involved in language learning.
（これらの認知プロセスは言語学習に関与するものと考えられている。）

関連表現：be not thought to *do*（〜とは考えられない）
be traditionally thought to *do*（伝統的には〜と考えられる）
be typically thought to *do*（典型的には〜と考えられる）
have been thought to *do*（〜と考えられてきた）

232 ☐ **be too time-consuming:** 時間がかかり過ぎる

This calculation **is too time-consuming**.
（この計算は、時間がかかり過ぎる。）

関連表現：be very time-consuming（かなりの時間を必要とする）
be rather time-consuming（かなりの時間を必要とする）
an energy-consuming process（エネルギーのかかるプロセス）

233 ☐ **be treated as A:** Aとして取り扱われる

This should **be treated as** a kind of perceptual system.
（これは一種の知覚システムとして取り扱われるべきである。）

関連表現：be not treated as A（Aとしては取り扱われない）
can on the surface be treated as A
（表面上はAとして取り扱うことができる）
have been treated as A（Aとして取り扱われてきた）
treat it as a special case（それを特例として取り扱う）

234 ☐ **be twice the radius:** 半径の２倍である

It is a well-known fact that the diameter **is twice the radius**.
（直径が半径の２倍であるということは、よく知られた事実である。）

関連表現：be twice the mass of hydrogen（水素の質量の２倍である）
be about twice the area（その面積の約２倍である）
be about five times the weight of water（水の重さの約５倍である）

235 ☐ **be two sides of the same coin:**
表裏一体である（同じコインの裏表である）

They **are two sides of the same coin**.
（それらは表裏一体である。）

236 □ **be understood as A:** Aとして理解される

As with metaphor, metonymy **is understood as** a cognitive process.
（メタファーと同様に、メトニミーも1つの認知プロセスとして理解されている。）

関連表現：be also understood as A（Aとしても理解される）
can be understood as A（Aとして理解することができる）
can also be understood as A（Aとしても理解することができる）
be not understood as A（Aとしては理解されない）
be usually understood as A（通常はAとして理解される）
should be understood as follows
　（以下のように理解されるべきである）
should not be understood as A（Aとして理解されるべきではない）

237 □ **be undisputed:** 議論の余地がない

This fact **is undisputed**.
（この事実は、議論の余地がない。）

関連表現：be not disputed（議論の余地がない）
be beyond dispute（議論の余地がない）
be not undisputed（議論の余地がなくはない）
be still under dispute（依然として未解決である）

238 □ **be unpredictable from A:** Aからは予測不能である

This interpretation **is unpredictable from** the context.
（この解釈は、その文脈からは予測不能である。）

関連表現：cannot be predicted from A（Aからは予測不能である）
be often unpredictable（しばしば予測不能である）
be completely unpredictable（完全に予測不能である）
be wholly unpredictable（完全に予測不能である）
be highly unpredictable（かなり予測不能である）
an unpredictable phenomenon（予測不能な現象）

239 □ **be unsuitable for A:** Aには適していない

Unfortunately, these conditions **are unsuitable for** the following plants:
（残念ながら、これらの条件は以下の植物には適していない。）

関連表現：be not suitable for A（Aには適していない）
be not suitable for *doing*（～するのには適していない）

240 ☐ **be untestable:** 検証不可能である

Fox's (2020) hypothesis **is** plausible, but **untestable**.
（Fox (2020)の仮説は妥当であるが、検証不可能である。）

関連表現：be clearly untestable（明らかに検証不可能である）
an untestable hypothesis（検証不可能な仮説）

241 ☐ **be useful for** *doing***:** 〜するのに有益である

Brown's (2010) concepts **are useful for** describing this phenomenon.
（Brown (2000)の概念は、この現象を記述するのに有益である。）

関連表現：be not useful for *doing*（〜するのに有益ではない）
be very useful for *doing*（〜するのにかなり有益である）
be particularly useful for *doing*（〜するのに特に有益である）
can be useful for *doing*（〜するのに有益でありうる）
may be useful for *doing*（〜するのに有益であるかもしれない）

242 ☐ **be very common:** かなり一般的である

These phenomena **are very common** in Japanese.
（これらの現象は、日本語においては、かなり一般的である。）

関連表現：be more common（より一般的である）
be uncommon（一般的ではない）
be quite common（かなり一般的である）
be reasonably common（かなり一般的である）
be not common（一般的ではない）
a fairly common situation（かなり一般的な状況）

243 ☐ **be very easy to understand:** とても理解しやすい

This explanation **is very easy to understand**.
（この説明はとても理解しやすいものである。）

関連表現：be very easy to explain（かなり説明しやすい）
be very easy to account for（かなり説明しやすい）
be very easy to distinguish（かなり区別しやすい）
be very difficult to define（かなり定義しにくい）
be very difficult to test（かなり検証しにくい）

244 ☐ **be very ideal:** かなり理想的である

The experimental procedure above **is very ideal** for this purpose.

（上記の実験手順は、この目的のためにはかなり理想的である。）

関連表現：seem ideal（理想的に思える）
an ideal experiment（理想的な実験）
an ideal tool for *doing*（～するための理想的な道具立て）
under ideal conditions（理想的な条件下で）

245 ☐ **be viewed as A:** Aとして見なされる、Aとして考えられる

Therefore, they should **be viewed as** two sides of the same coin.
（したがって、それらは表裏一体として見なされるべきである。）

関連表現：be also viewed as A（Aとしても見なされる）
be now viewed as A（今やAとして考えられている）
can be viewed as A（Aとして見なすことができる）
may be viewed as A（Aとして見なされるかもしれない）
should not be viewed as A（Aとして考えられるべきではない）
have been viewed as A（Aとして考えられてきた）

246 ☐ **be widely recognized by A:** Aによって広く認知されている

This fact **is widely recognized by** many scientists.
（この事実は、多くの科学者によって、広く認知されている。）

関連表現：be not commonly recognized（一般に認識されてはいない）
recognize the existence of A（Aの存在を認識する）
well-recognized properties（よく認識された特性）
as already recognized by Long (2016)
（Long (2016)によって既に認識されているように）

247 ☐ **be widely shared by A:** Aによって広く共有される

These views **are widely shared** by cognitive psychologists.
（これらの見解は、認知心理学者によって広く共有されている。）

関連表現：be widely used by A（Aによって広く使用される）
be culturally shared（文化的に共有されている）
be partially shared（部分的に共有されている）
be not shared by A（Aによって共有されていない）
shared knowledge（共有知識）
shared information（共有情報）

248 ☐ **be worth *doing*:** ～する価値がある

This research topic **is worth** pursuing.

（この研究テーマは、探究する価値がある。）

関連表現：be worth mentioning（言及する価値がある）
be worth revisiting（再考する価値がある）
be worth rethinking（再考する価値がある）
be worth remembering（覚えておく価値がある）
be worth noting（注目する価値がある）
be worth pursuing（追及する価値がある）
it is worth mentioning that S+V（〜ということは言及する価値がある）
it is worth noting here that S+V
　　（〜ということはここでは注目する価値がある）

249 □ **be worthy of further investigation:** さらなる探究価値がある

This question would **be worthy of further investigation**.

（この問題は、さらなる探究価値があるであろう。）

関連表現：be worthy of further exploration（さらなる探究価値がある）
be worthy of more investigation（さらなる探究価値がある）

250 □ **be worthy of reconsideration:** 再考の価値がある

Hence, these criteria **are worthy of reconsideration**.

（したがって、これらの基準は再考の価値がある。）

関連表現：be worthy of study（研究する価値がある）
be worthy of comment（言及する価値がある）
be particularly worthy of note（特に注目する価値がある）

251 □ **be written as follows:** 次のように書かれる

This rule can **be written as follows**:

（この規則は、次のように書くことができる。）

関連表現：be written as A（Aとして書かれる）
be written with Paul A. Johnson（Paul A. Johnsonとともに書かれる）
be written by Paul A. Johnson（Paul A. Johnsonによって書かれる）
be written in 1992（1992年に書かれる）
write this overview（この概要を書く）

252 □ **bear a resemblance to A:** Aに似たところがある、Aに似ている

This idea **bears a resemblance to** Brain's (2018) framework.

（この見解は、Brain (2018)の枠組みに似たところがある。）

関連表現：bear resemblance to A（Aに似たところがある、Aに似ている）
bear a close resemblance to A（Aにかなり似たところがある）
bear a strong resemblance to A（Aにかなり似たところがある）
bear an obvious resemblance to A（Aに明らかに似ている）
bear little resemblance to A（Aにほとんど似ていない）
bear no resemblance to A（Aにまったく似ていない）

253 □ **bear in mind that S+V:** ただし〜に注意されたい

Bear in mind that this change is perfectly rational.
（ただし、この変化は完全に合理的である点に注意されたい。）

関連表現：keep in mind that S+V（ただし〜に注意されたい）
it is important to bear in mind that S+V
（〜ということに注意することが重要である）
it is useful to bear in mind that S+V
（〜ということに注意することが有益である）
should bear in mind that S+V（〜ということに注意すべきである）
must bear in mind that S+V（〜ということに注意しなければならない）
it is important to keep in mind that S+V
（〜ということに注意することが重要である）
should keep in mind that S+V（〜ということに注意すべきである）
must keep in mind that S+V（〜ということに注意しなければならない）

254 □ **bear on A:** Aに関係する

An interesting example that **bears on** this issue is discussed in Prince (2020).
（この問題に関係する1つの興味深い問題が、Prince (2020)で議論されている。）

関連表現：bear on the argument（その議論に関係する）
bear directly on A（Aに直接的に関係する）
bear directly on this level of discussion
（このレベルの議論に直接的に関係する）

255 □ **bear out A:** Aを実証する

This prediction has, at least to some degree, been **borne out**.
（この予測は、少なくともある程度は、実証されてきた。）

関連表現：bear out the prediction（その予測を実証する）
as the data bear out（そのデータが実証するように）

be borne out（実証される）
be not empirically borne out（経験的には実証されない）
be only partially borne out（部分的にのみ実証される）

---

256 □ **bearing A in mind:** Aを念頭に置いて

Bearing this in mind, let us now turn to the following examples:
（これを念頭に置いて、次に下記の事例に注目してみよう。）

関連表現：with these in mind（これらを念頭に置いて）
bearing in mind the possibility that S+V
（～という可能性を念頭に置いて）
with these analyses in mind（これらの分析を念頭に置いて）
keeping this condition in mind（この条件を念頭に置いて）
with this in mind（これを念頭に置いて）

---

257 □ **because of this:** このため

Because of this, word meanings cannot be precisely defined.
（このため、語の意味は正確に定義することはできない。）

関連表現：because of an error in measuring（計測上のエラーのため）
because of this law（この法則のために）
because of the fact that S+V（～という事実のために）
completely because of A（完全にAのために）
probably because of A（おそらくAのために）

---

258 □ **become mainstream:** 主流となる

This idea has **become mainstream** in the research field of cognitive linguistics.
（この見解は、認知言語学の研究領域では、主流となってきた。）

関連表現：become easy to read（読みやすくなる）
become possible（可能になる）
become very common（かなり一般的になる）
become known as A（Aとして知られるようになる）
become a global issue（世界的な問題となる）
it becomes possible to *do*（～することが可能となる）
have become known as A（Aとして知られるようになってきた）

---

259 □ **become more complicated:** さらに複雑になる

In this case, the process **becomes more complicated**.

（この場合には、そのプロセスはさらに複雑になる。）

関連表現：become more apparent（より明確になる）
become even more complicated（さらに一層複雑になる）
become more evident（より明らかになる）
have become more common（より一般的になってきた）
it becomes more difficult to *do*（〜するのがより難しくなる）

---

260 □ **become unclear:** 不明瞭になる、不明確になる

Taking these into account, the relationship between the two **becomes unclear**.

（これらのことを考慮に入れると、その2つのものの間の関係は不明瞭なものとなる。）

関連表現：be unclear（不明瞭である、不明確である）
become unstable（不安定になる）
become unacceptable（容認不可となる）
become unproblematic（問題でなくなる）

---

261 □ **below be A:** 以下は〜である

Below is an example of quantitative data.

（以下は、量的データの一例である。）

関連表現：below are some examples of qualitative data
（以下は、質的データの事例である）

---

262 □ **boil down to A:** 結局のところ〜ということになる

In summary, they **boil down to** three reasons.

（まとめれば、それらは3つの理由に集約される。）

---

263 □ **building blocks:** 構成要素

Numbers are the basic **building blocks** of mathematics.

（数字は、数学における基本的な構成要素である。）

関連表現：the building blocks of proteins（タンパク質の構成要素）
fundamental building blocks（基本的な構成要素）
these basic building blocks（これらの基本的な構成要素）
the building blocks of cognition（認知の構成要素）

---

264 □ **building on A:** Aに基づいて

Building on this proposal, the following research was carried out:
（この提案に基づいて、以下の研究が行われた。）

関連表現：building on this discussion（この議論に基づいて）
building on this assumption（この仮定に基づいて）
building on Collins (2002)（Collins (2002) に基づいて）
building on Johnson's (2020) analysis
（Johnson (2020)の分析に基づいて）

265 ☐ **by and large:** 概して、全般的に

By and large, such foods are relatively easy to digest.
（概して、このような食べ物は比較的消化しやすい。）

266 ☐ **by no means:** 決して〜ではない

Brain's (2019) claim is **by no means** complete.
（Brain (2019)の主張は、決して完全ではない。）

関連表現：be by no means sufficient（決して十分ではない）
be by no means a simple question（決して単純な問いではない）
be by no means the same thing（決して同じこと（もの）ではない）
it is by no means clear that S+V(〜ということは決して明確ではない)

267 ☐ **by way of illustration:** 例証のために、実例として

By way of illustration, consider the scene in Figure 6.
（例証のために、図6の場面について検討してみよう。）

関連表現：by way of comparison（比較のために、比較として）

268 ☐ **can be calculated as follows:** 次のように計算することができる

The speed of this movement **can be calculated as follows**:
（この運動の速さは、次のように計算することができる。）

関連表現：can be calculated from A（Aから計算することができる）
calculate its velocity（その速度を計算する）
calculate it exactly（それを正確に計算する）

269 ☐ **can be classified into A:** Aに分類することができる

Moreover, it **can be classified into** the following three types:
（さらには、それは以下の3タイプに分類することができる。）

関連表現：be classified into A（Aに分類される）
be classified into two types（2つのタイプに分類される）
be broadly classified into A（大まかにはAに分類される）

㉚ □ **can be defined as follows:** 下記のように定義できる

The term *osmosis* **can be defined as follows**:
(「浸透」という用語は、下記のように定義することができる。)

関連表現：be generally defined as A（一般にはAとして定義される）
be defined in terms of A（Aの観点から定義される）
be clearly defined（明確に定義される）
as defined in Munn (1992)（Munn (1992)で定義されるように）
have been correctly defined（正しく定義されてきた）
a vaguely defined notion（曖昧に定義された概念）
define these concepts（これらの概念を定義する）

㉛ □ **can be described:** 記述することができる

Hence, it **can be described** in the following way:
(したがって、それは次のように記述することができる。)

関連表現：be properly described（適切に記述される）
can be naturally described in terms of A
　　（Aの観点から自然に記述することができる）
as described above（上記で記述されたように）
the properties described here（ここで記述された特性）
describe these phenomena（これらの現象を記述する）

㉜ □ **can be expressed:** 表すことができる、表現することができる

In general, the area of a triangle **can be expressed** as follows:
(一般に、三角形の面積は、次のように表すことができる。)

関連表現：be clearly expressed（明確に表現される）
be expressed in this way（このように表現される）
be expressed as A（Aとして表現される）
be expressed in terms of A（Aの観点から表わされる）
as expressed in (70)（(70)に表わされるように）

㉝ □ **can be paraphrased:** 言い換えることができる

This claim **can** also **be paraphrased** as follows:
(この主張は、次のように言い換えることもできる。)

関連表現：can be paraphrased as follows（次のように言い換えることができる）
can be paraphrased as A（Aとして言い換えることができる）
be properly paraphrased as A（Aとして適切に言い換えられる）
be paraphrased as in (6)（(6)にあるように言い換えられる）

274 □ **can be predicted:** 予測することができる

This **can be predicted** by the following analogy:

（これは以下の類推によって予測することができる。）

関連表現：be correctly predicted（正しく予測される）
be predicted to *do*（〜と予測される）
as predicted by this generalization
（この一般化によって予測されるように）
as predicted by Rice (2000)（Rice (2000)によって予測されるように）
predict the presence of A（Aの存在を予測する）

275 □ **can lead to obesity:** 肥満につながる可能性がある

Such eating habits **can lead to obesity**.

（このような食習慣は、肥満につながる可能性がある。）

関連表現：lead to a clash（衝突につながる）
lead to the same problem（同じ問題につながる）
lead to the claim that S+V（〜という主張につながる）
may lead to confusion（混乱につながるかもしれない）

276 □ **cannot be inferred from A:** Aからは推論することができない

They **cannot be inferred from** experience.

（それらは、経験からは推論することができない。）

関連表現：can be inferred from A（Aから推論することができる）
need to be inferred from context（文脈から推論する必要がある）
have inferred different cognitive abilities
（様々な認知能力を推論してきた）

277 □ **cannot be measured directly:** 直接計測することができない

This **cannot be measured directly**.

（これは直接計測することができない。）

関連表現：measure it directly（それを直接計測する）
be typically measured by A（典型的にはAによって計測される）

can be measured in terms of A（Aの観点から計測することができる）
distances measured in terms of A（Aの観点から計測された距離）

---

278 ☐ **cannot be precisely defined:** 正確に定義することはできない

Because of this, word meanings **cannot be precisely defined**.
（このため、語の意味は正確に定義することはできない。）

関連表現：cannot be stated in terms of A（Aの観点から述べることはできない）
cannot be used in isolation（単独で使用することはできない）
cannot be interpreted as A（Aとして解釈することはできない）
cannot be easily realized（簡単には実現できない）

---

279 ☐ **cast an eye on A:** Aに目を向ける

Kuhn (2017) **casts a** keen **eye on** a wide variety of topics.
（Kuhn (2017)は、多種多様なトピックに、抜け目なく目を向けている。）

関連表現：keep an eye on this word order（この語順を注視する）

---

280 ☐ **cast doubt on A:** Aに疑問を投げかける

These studies **cast doubt on** the principle of compositionality.
（これらの研究は、構成性の原理に疑問を投げかけている。）

関連表現：cast doubt on this framework（この枠組みに疑問を投げかける）
cast serious doubt on this analysis
（この分析に多大な疑問を投げかける）

---

281 ☐ **cause chemical changes:** 化学変化を引き起こす

Therefore, they **cause chemical changes**.
（したがって、それらは化学変化を引き起こす。）

関連表現：cause problems（問題を引き起こす）
cause considerable problems（かなりの問題を引き起こす）
cause processing problems（処理上の問題を引き起こす）
cause this variation（この変容を引き起こす）
cause no problems（何も問題を引き起こさない）

---

282 ☐ **come much closer to A:** Aの方にずっと近いものである

The former discipline **comes much closer to** psychology in orientation.
（前者の学問領域は、関心の点では、心理学の方にずっと近いものである。）

関連表現：come close to A（Aに近づく）
in order to come closer to the level
（そのレベルにより近づくためには）
be closer to A（Aにより近い）
be much closer to A（Aにずっと近い）

---

283 ☐ **compare A:** Aを比較する

Compare the sentences in (3) and (4).
（(3)と(4)の文を比較されたい。）

関連表現：compare A and B（AとBを比較する）
compare the following two examples（以下の２つの例を比較する）
compare them with respect to A（Aの点でそれらを比較する）
to compare competing theories（競合理論を比較するために）

---

284 ☐ **considering A:** Aを考慮すれば

Considering individual differences, this problem may not occur.
（個人差を考慮すれば、この問題は発生しないかもしれない。）

関連表現：especially considering A（特にAを考慮すれば）
considering that S+V（～ということを考慮すれば）
especially considering that S+V（特に～ということを考慮すれば）

---

285 ☐ **constitute evidence for A:** Aの証拠となる

This type of experiment **constitutes evidence for** Green's (2001) claim.
（このタイプの実験は、Green (2001)の主張の証拠となる。）

関連表現：constitute strong evidence for A（Aの強力な証拠となる）
constitute additional evidence for A（Aのさらなる証拠となる）
constitute further evidence for A（Aのさらなる証拠となる）
constitute conclusive evidence for A（Aの決定的な証拠となる）

---

286 ☐ **contrast with A:** Aと対照をなす、Aと対照的である

The framework above **contrasts with** the one proposed in Austin (2011).
（上記の枠組みは、Austin (2011)で提案されたものとは対照的である。）

関連表現：contrast strikingly with A（Aときわめて対照的である）
contrast with formal semantics（形式意味論と対照的である）
may contrast with this view（この見解と対照をなすかもしれない）

---

287 ☐ **deal with A:** Aを取り扱う

It has many disadvantages. For one thing, they are not good at **dealing with** these problems.

（それには多くの欠点がある。1つには、彼らはこれらの問題を取り扱うのが上手ではない。）

関連表現：deal with these issues（これらの問題を取り扱う）
cannot deal with them（それらを取り扱うことができない）
to deal with this（これを取り扱うためには）
have dealt with this matter（この問題を取り扱ってきた）
be dealt with in Section 3（第3節で取り扱われる）
the issues dealt with here（ここで取り扱われる問題）

288 ☐ **deny the existence of A:** Aの存在を否定する

Johnson (2008) does not **deny the existence of** this phenomenon.

（Johnson (2008)は、この現象の存在を否定しているわけではない。）

関連表現：justify the existence of A（Aの存在を正当化する）
posit the existence of A（Aの存在を仮定する）
deny the presence of A（Aの存在を否定する）
deny this conclusion（この結論を否定する）

289 ☐ **despite A:** Aにも関わらず

Despite Johnson's (2019) criticism, some researchers have supported this position.

（Johnson (2019)の批判にも関わらず、何人かの研究者はこの立場を支持してきた。）

関連表現：despite the fact that S+V（～という事実にも関わらず）
despite much criticism（多くの批判にも関わらず）
despite the evidence above（上記の証拠にも関わらず）
despite the absence of A（Aの不在にも関わらず）

290 ☐ **discuss the history of A:** Aの歴史について議論する

This article **discussed the history of** linguistics, with special attention to the relationship between language and thought.

（本稿では、特に言語と思考の関係性に注目しながら、言語学の歴史について議論する。）

関連表現：discuss these processes（これらのプロセスについて議論する）

discuss Darwin's (2002) theory
（Darwin (2002)の理論について議論する）
discuss this explicitly（これを明確に議論する）
a general principle to be discussed below
（以下で議論されるべき一般原理）

291 ☐ draw attention to A: Aに注目する

They **draw attention to** the following facts:
（彼らは、以下の事実に注目している。）

関連表現：draw attention to two approaches（2つのアプローチに注目する）
　　　　　　draw attention to this theoretical issue（この理論的問題に注目する）
　　　　　　draw attention to the fact that S+V（～という事実に注目する）

292 ☐ due to space limitations: 紙幅の都合上

Due to space limitations, detailed discussions on it are omitted here.
（紙幅の都合上、それに関わる詳細な議論は、ここでは省略される。）

関連表現：due to the fact S+V（～という事実のために）
　　　　　　due to contextual effects（文脈効果のために）
　　　　　　due to the nature of A（Aの性質のために）
　　　　　　due to these constraints（これらの制約のために）

293 ☐ each of A: Aの各々、Aのそれぞれ

Let us consider **each of** these claims more closely.
（これらの主張の各々をより詳しく検討してみよう。）

関連表現：each of these processes（これらのプロセスの各々）
　　　　　　each of these conditions（これらの条件の各々）
　　　　　　each of the properties（その特性の各々）
　　　　　　each of them（それらの各々）
　　　　　　in each of these（これらの各々では）

294 ☐ either way: いずれにしても、どちらにしても

Either way, Coulson's (2016) claim is hardly surprising.
（いずれにしても、Coulson (2016)の主張はほとんど驚くに当たらない。）

関連表現：in either case（いずれにしても、どちらにしても）
　　　　　　in either event（いずれにしても、どちらにしても）

295 □ emerge from A: Aから生じる

This argument rests on the premise that language structure **emerges from** language use.

(この議論は、言語構造が言語使用から生じるという前提に依存している。)

関連表現：emerge from a common background（共通の背景から生じる）
emerge from molecular biology（分子生物学から生じる）
emerge from the above data（上記のデータから生じる）
emerge as a result of A（Aの結果として生じる）

296 □ emphasis in the following examples: 以下の事例における強調

Emphasis in the following examples is mine.

(以下の事例における強調は、筆者自身によるものである。)

関連表現：be repeated for emphasis（強調のために繰り返される）
emphasis mine（強調は筆者による）
emphasis added（強調は筆者による）
emphasis original（強調は原文通り）
emphasis ours（強調は筆者らによる）

297 □ emphasize the role of A: Aの役割を強調する

Oxford's (2009) discussion also **emphasizes the role of** the body.

(Oxford (2009)の議論も、身体の役割を強調している。)

関連表現：emphasize the fact that S+V（～という事実を強調する）
emphasize another assumption（別の仮定を強調する）
emphasize the need of A（Aの必要性を強調する）
emphasize the idea that S+V（～という見解を強調する）
as Baker (2008) emphasizes（Baker (2008)が強調するように）
to emphasize this（これを強調するために）

298 □ ethical concerns: 倫理的懸念

There are also social and **ethical concerns**.

(社会的懸念や倫理的懸念も存在している。)

関連表現：social concerns（社会的懸念）
these concerns（これらの懸念）
traditional concerns（伝統的な懸念）
environmental concerns（環境上の懸念）

299 ☐ **evidence in support of this view:** この見解を支持する証拠

Recent studies have provided **evidence in support of this view**.
（最近の研究は、この見解を支持する証拠を提供してきた。）

関連表現：three kinds of evidence（３種類の証拠）
conclusive evidence（決定的な証拠、確証）
the following evidence（以下の証拠）
rather compelling evidence（かなり説得力のある証拠）
one piece of evidence（１つの証拠）
another piece of evidence（もう１つの証拠）
evidence for the claim that S+V（〜という主張を支持する証拠）
evidence against the idea that S+V（〜という見解に反する証拠）

300 ☐ **exclude the following possibility:** 以下の可能性を除外する

This does not **exclude the following possibility**:
（これは以下の可能性を除外しているわけではない。）

関連表現：exclude this possibility（この可能性を除外する）
exclude all alternatives（すべての代案を除外する）
exclude this example（この例を除外する）
be completely excluded（完全に除外される）
be excluded from such contexts（このような文脈から除外される）
should not be excluded（除外されるべきではない）

301 ☐ **exert a strong influence on A:** Aに強い影響を与える

The two systems **exert a strong influence on** each other.
（その２つのシステムは、お互いに強い影響を与えている。）

関連表現：exert an influence on A（Aに影響を与える）
exert an influence on conceptual structure
（概念構造に影響を与える）
can exert an influence on word order（語順に影響を与えうる）

302 ☐ **extend well beyond A:** Aをはるかに超える

This explanation **extends well beyond** the field of linguistics.
（この説明は言語学の領域をはるかに超えている。）

関連表現：extend beyond A（Aを超える）
extend beyond experience（経験を超える）

303 ☐ **face the same problem:** 同じ問題に直面する

However, all of these approaches **face the same problem**.

（しかしながら、これらのアプローチのすべてが同じ問題に直面している。）

関連表現：face the following problems（以下の問題に直面する）
　　　　　 face a number of challenges（多くの難題に直面する）
　　　　　 may face them（それらに直面するかもしれない）

---

304 ☐ **first and foremost:** 何よりもまず

First and foremost, I would like to thank Peter Johnson for his useful comments.

（何よりもまず、有益なコメントをくれた Peter Johnson 氏に感謝したい。）

---

305 ☐ **focus mainly on A:** 主としてAに着目する

This chapter has **focused mainly on** the structure of language play.

（本章は、ことば遊びの構造に主として着目してきた。）

関連表現：focus on A（Aに着目する）
　　　　　 focus on the presence of A（Aの存在に着目する）
　　　　　 focus on these issues（これらの問題に着目する）
　　　　　 focus on communication（コミュニケーションに着目する）
　　　　　 focus on the fact that S+V（〜という事実に着目する）
　　　　　 focus primarily on A（主としてAに着目する）
　　　　　 focus especially on A（特にAに着目する）

---

306 ☐ **follow up on A:** 徹底的に吟味する

This section **follows up on** Prince's (2020) observations.

（本節では、Prince (2020) の見解を徹底的に吟味する。）

---

307 ☐ **for convenience:** 便宜上

For convenience, the following abbreviations are used here.

（便宜上、下記の略記（略称）がここでは使用される。）

---

308 ☐ **for different purposes:** 様々な目的で

These tools are used **for different purposes**.

（これらの道具立ては、様々な目的で使用される。）

関連表現：for various purposes（様々な目的で）

for many purposes （多くの目的で）
for these purposes （これらの目的で）
for a variety of purposes （様々な目的で）
for expository purposes （解説の目的で、説明の目的で）
be used for other purposes （その他の目的で使用される）

309 ☐ **for more about A, see B:** Aの詳細についてはBを参照されたい

For more about ions, **see** pages 100-102.
（イオンの詳細については、100-102ページを参照されたい。）

関連表現：for more discussion （さらなる議論は）
for more information （さらなる情報は）
for more detailed discussion （より詳細な議論は）
for a detailed criticism （詳細な批判は）
for more discussion on this （これに関するさらなる議論は）

310 ☐ **for more details, see A:** さらなる詳細はAを参照されたい

For more details, see Nation & Orwell (2007).
（さらなる詳細は、Nation & Orwell (2007)を参照されたい。）

関連表現：for details, see A （詳細はAを参照されたい）
for further details, see A （さらなる詳細はAを参照されたい）

311 ☐ **for one thing:** 1つには

It has many disadvantages. **For one thing**, they are not good at dealing
with these problems.
（それには多くの欠点がある。1つには、彼らはこれらの問題を取り扱うのが上
手ではない。）

312 ☐ **for purposes of** *doing***:** ～する目的で

Johnson (2019) proposes a new criterion **for purposes of** resolving this
contradiction.
（Johnson (2019)は、この矛盾を解決する目的で、1つの新しい基準を提案し
ている。）

関連表現：for purposes of illustration （例証の目的で）
for purposes of interpretation （解釈の目的で）
for purposes of pronunciation （発音の目的で）
for purposes of exposition （解説の目的で、説明の目的で）

313 ☐ **for the time being:** さしあたり、当分の間

Note **for the time being** that there are several overlaps between them.
（さしあたり、それらの間にはいくつかの重複がある点に注意されたい。）

314 ☐ **for these reasons:** これらの理由のために

For these reasons, the latter model has been strongly criticized.
（これらの理由のために、後者のモデルは強く批判されてきた。）

関連表現：for this reason（この理由のために、このため）
for reasons of space（紙幅の都合上）
for the same reason（同じ理由で）
for health reasons（健康上の理由で）
for two reasons（2つの理由で）
for a variety of reasons（多種多様な理由で）
for different reasons（様々な理由で）

315 ☐ **for this purpose:** この目的のためには

The experimental procedure above is very ideal **for this purpose**.
（上記の実験手順は、この目的のためにはかなり理想的である。）

関連表現：for this purpose（この目的では）
for one purpose（ある目的では）

316 ☐ **form the basis of A:** Aの基盤となる

Evidence of this kind **forms the basis of** Johnson's (2018) argument.
（この種の証拠が、Johnson (2018)の議論の基盤となっている。）

関連表現：form the basis of many discussions（多くの議論の土台となる）
form the basis of these theories（これらの理論の土台となる）

317 ☐ **formal properties:** 形式的特性

Section 4 describes their **formal properties**.
（第4節では、それらの形式的特性について記述する。）

関連表現：functional properties（機能的特性）
chemical properties（化学的特性）
physical properties（物理的特性）
the following properties（以下の特性）
the same properties（同じ特性）
general properties of A（Aの一般特性）

because of such properties（このような特性のために）

---

318 □ **from a different angle:** 別の角度から

These phenomena should be explored **from a different angle**.
（これらの現象は、別の角度から探究されるべきである。）

関連表現：from different angles（様々な角度から）
from another angle（別の角度から）
from the following three angles（以下の３つの角度から）
from other angles（別の角度から）
from various angles（様々な角度から）

---

319 □ **from a different point of view:** 別の観点から

This problem should be discussed **from a different point of view**.
（この問題は、別の観点から議論されるべきである。）

関連表現：from another point of view（別の観点から）
from a different viewpoint（別の観点から）
from another viewpoint（別の観点から）
from a psycholinguistic point of view（心理言語学的観点から）
from a structural point of view（構造的観点から）
from a theoretical point of view（理論的観点から）
from this viewpoint（この観点から）
from the viewpoint of evolutionary theory（進化論の観点から）

---

320 □ **from a wider perspective:** より広い観点から

This point should be discussed **from a wider perspective**.
（この点はより広い観点から議論されるべきである。）

関連表現：from a different perspective（別の観点から）
from another perspective（別の観点から）
from this perspective（この観点から）
from a biolinguistic perspective（生物言語学的観点から）
from the same perspective as A（Aと同じ観点から）

---

321 □ **from the perspective of A:** Aの観点から

Cook (2005) provides an interesting answer **from the perspective of** brain research.
（Cook (2005)は、脳研究の観点から、興味深い答えを提供している。）

関連表現：from the perspective of logic（論理学の観点から）
from the perspective of Johnson (2009)
（Johnson (2009)の観点から）
from the perspective of this theory（この理論の観点から）

322 ☐ **function as A:** Aとして機能する

These chapters **function as** an introduction to cognitive linguistics.
（これらの章は、認知言語学入門として機能している。）

関連表現：function as a symbol（１つの記号として機能する）
function as variables（変項として機能する）
can function as medicine（薬として機能しうる）

323 ☐ **further research is needed:** さらなる研究が必要とされる

Further research is needed in order to answer these questions.
（これらの問いに答えるためには、さらなる研究が必要とされる。）

関連表現：further research is required（さらなる研究が必要とされる）
more research is needed（さらなる研究が必要とされる）
more work is needed（さらなる研究が必要とされる）
much more research is needed（さらに深い研究が必要とされる）
more discussion is needed（さらなる議論が必要とされる）
a new analysis is needed（新しい分析が必要とされる）
more convincing evidence is needed
（さらなる説得力のある証拠が必要とされる）
more research is required（さらなる研究が必要とされる）
further work is required（さらなる研究が必要とされる）
additional evidence is required（さらなる証拠が必要とされる）

324 ☐ **furthermore:** さらに、さらには

Furthermore, it is subdivided into the following three groups:
（さらには、それは以下の３つのグループに下位分割される。）

関連表現：further（さらに、さらには）

325 ☐ **give the following examples:** 以下の事例を挙げる

Johnson (2019) also **gives the following examples**:
（Johnson (2019)も、以下の事例を挙げている。）

関連表現：give an example（一例を挙げる）

give a simple example（単純な例を挙げる）
give many examples（多くの例を挙げる）
give evidence that S+V（～という証拠を挙げる）

326 ☐ **go on to** *do*: 続けて～する

Bender (1996) **goes on to** propose a new model of language use.
（Bender (1996)は、続けて、言語使用の新しいモデルを提案している。）

関連表現：go on to discuss other data（続けて他のデータについて議論する）
go on to point out that S+V（続けて～という点を指摘する）
go on to suggest that S+V（続けて～ということを示唆する）
go on to argue that S+V（続けて～ということを議論する）

327 ☐ **hand in hand with A**: Aと協同（共同）して

They must go **hand in hand with** each other.
（それらはお互いに協同しなければならない。）

関連表現：hand in hand with the study of language（言語の研究と協同して）

328 ☐ **have a complex internal structure:**
複雑な内部構造を持っている

An atom **has a complex internal structure**.
（原子は複雑な内部構造を持っている。）

関連表現：have a hierarchical structure（階層構造を持っている）
have a flexible structure（柔軟な構造を持っている）
have a different structure（別の構造を持っている）
have a structure of this sort（この種の構造を持っている）
lack such structure（このような構造を欠いている）

329 ☐ **have a considerable requirement for A:**
Aをかなり必要とする

It **has a considerable requirement for** energy.
（それは、エネルギーをかなり必要とする。）

関連表現：have a requirement for A（A を必要とする）

330 ☐ **have a long history:** 長い歴史がある

Indeed, it **has a long history**.
（事実、それには長い歴史がある。）

関連表現：have a history（歴史がある）
have a long history of discussion（長い議論の歴史がある）
a short history of cognitive linguistics（認知言語学小史）
the history of this debate（この論争の歴史）
the history of generative grammar（生成文法の歴史）
a lesson from history（歴史からの教訓）

---

331 ☐ **have a tendency to *do*:** 〜する傾向がある

It **has a tendency to** increase blood pressure.
（それには血圧を上昇させる傾向がある。）

関連表現：can have a tendency to *do*（〜する傾向がありうる）
there is a tendency to *do*（〜する傾向がある）

---

332 ☐ **have a wide variety of applications:**
多種多様な用途を備えている

This theory **has a wide variety of applications**.
（この理論は、多種多様な用途を備えている。）

関連表現：have a wider range of uses（より広範な用途を有する）
have practical applications（実践的な用途を備えている）
have many other applications（他にも多くの用途を備えている）

---

333 ☐ **have an impact on A:** Aに影響を与える

This means that climate **has an impact on** agriculture.
（これは、気象が農業に影響を与えることを意味している。）

関連表現：have a profound impact on A（Aに深い影響を与える）
have a strong impact on A（Aに強い影響を与える）
have a significant impact on A（Aに重大な影響を与える）
have no impact on A（Aに何の影響も与えない）

---

334 ☐ **have an influence on A:** Aに影響を与える

More generally, this **has an influence on** the nervous system.
（より一般的には、これは神経系に影響を与えているのである。）

関連表現：have a strong influence on A（Aに強い影響を与える）
have a big influence on A（Aに大きな影響を与える）
have a dramatic influence on A（Aに劇的な影響を与える）
have no influence on A（Aに何の影響も与えない）

335 ☐ **have an interest in A:** Aに関心がある

Linguists **have an interest in** various aspects of language.
（言語学者は言語の様々な側面に関心がある。）

関連表現：have little interest in A（Aにはほとんど関心がない）
have no interest in A（Aにはまったく関心がない）

336 ☐ **have attracted a great deal of interest:**
かなりの関心を引き付けてきた

In cognitive linguistics, this concept **has attracted a great deal of interest**.
（認知言語学では、この概念はかなりの関心を引き付けてきた。）

関連表現：have attracted so much attention（かなりの注目を集めてきた）
have attracted a lot of attention（多くの注目を集めてきた）
have attracted the attention of linguists
（言語学者の注目を集めてきた）

337 ☐ **have been criticized:** 批判されてきた

This position **has been criticized** by many linguists.
（この立場は、多くの言語学者によって批判されてきた。）

関連表現：have been criticized for two reasons（2つの理由で批判されてきた）
have been strongly criticized（強く批判されてきた）
this kind of criticism（この種の批判）
have been very severely criticized（かなり厳しく批判されてきた）
criticize this discussion（この議論を批判する）
the same criticism（同じ批判）
face severe criticism（厳しい批判に直面する）

338 ☐ **have been ignored:** 無視されてきた

Such a claim **has been ignored** by many sociologists.
（このような主張は、多くの社会学者によって無視されてきた。）

関連表現：have been neglected（無視されてきた）
have often been ignored（しばしば無視されてきた）
have so far been neglected（これまでは無視されてきた）

339 ☐ **have been recognized as A:** Aとして認識されてきた

This **has been recognized as** a longstanding issue.
（これは、長年にわたる問題として認識されてきた。）

関連表現：be recognized as A（Aとして認識される）
have been recognized as a fundamental property
（基本的特性として認識されてきた）
have been widely recognized（広く認識されてきた）
have long been recognized as A（Aとして長い間認識されてきた）

---

340 □ have been the most widely studied: 最も広範に研究されてきた

This model **has been the most widely studied** to date.
（このモデルが、これまでは、最も広範に研究されてきた。）

関連表現：have been widely studied（広範に研究されてきた）

---

341 □ have been widely studied: 広範に研究されてきた

Over the years, the functions of metaphor **have been widely studied**.
（長年にわたって、メタファーの機能は、広範に研究されてきた。）

関連表現：have been extensively studied（包括的に研究されてきた）
have been intensively studied（集中的に研究されてきた）
have been fruitfully studied（実りある形で研究されてきた）
have been frequently studied（頻繁に研究されてきた）

---

342 □ have its roots in A: Aにそのルーツを持つ

This approach **has its roots in** the work begun by Paul A. Johnson.
（このアプローチは、Paul A. Johnsonによって始められた研究にそのルーツを持っている。）

関連表現：have its roots in biology（生物学にそのルーツを持つ）
have its roots in Long's (1990) theory
（Long (1990)の理論にそのルーツを持つ）
have deep roots in American history
（アメリカ史に深いルーツを持つ）

---

343 □ have lasted over fifty years: 50年にわたって続いてきた

This debate **has lasted over fifty years**.
（この論争は、50年にわたって続いてきた。）

関連表現：last for several million years（数百万年間続く）
last 15 minutes（15分間続く）

---

344 ☐ **have many appealing aspects:** 多くの魅力的な点がある

This account **has many appealing aspects**.

(この説明には多くの魅力的な点がある。)

関連表現：have many appealing points（多くの魅力的な点がある）
have many points in common（多くの共通点がある）
have many interesting points（多くの興味深い点がある）

345 ☐ **have many commonalities:** 多くの共通点を持つ

These approaches also **have many commonalities**.

(これらのアプローチも、多くの共通点を持っている。)

関連表現：have many counterexamples（多くの反例を持つ）
have many properties（多くの特性を持つ）
the commonalities between them（それらの間の共通性）
striking commonalities（顕著な共通性）

346 ☐ **have not yet been tested:** まだ検証されていない

However, the effectiveness of this approach **has not yet been** empirically **tested**.

(しかしながら、このアプローチの有効性は、経験的にはまだ検証されていない。)

関連表現：have not yet been specified（まだ特定されていない）
have not yet been researched（まだ研究されていない）
have not yet been investigated（まだ探究されていない）

347 ☐ **have often been overestimated:** しばしば過大評価されてきた

In fact, these results **have often been overestimated**.

(事実、これらの結果は、しばしば過大評価されてきた。)

関連表現：be overestimated（過大評価される）
should not be overestimated（過大評価されるべきではない）

348 ☐ **have often been overlooked:** しばしば見逃されてきた

This fact **has often been overlooked**.

(この事実は、しばしば見逃されてきた。)

関連表現：have often been discussed（しばしば議論されてきた）
have often been forgotten（しばしば失念されてきた）
have so far been overlooked（これまで見逃されてきた）

have generally been overlooked（一般に見逃されてきた）
overlook this claim（この主張を見逃す）

---

❸❹❾ ☐ **have received little treatment:**
ほとんど取り扱われてこなかった

This topic **has received little treatment** in the literature of linguistics.
（このトピックは、言語学の文献では、ほとんど取り扱われてこなかった。）

関連表現：have received comprehensive treatment
（包括的に取り扱われてきた）

---

❸❺⓪ ☐ **have received substantial criticism:**
かなりの批判を受けてきた

Unfortunately, this idea **has received substantial criticism**.
（残念なことに、この見解はかなりの批判を受けてきた。）

関連表現：have received international criticism（国際的な批判を受けてきた）
have received considerable criticism（かなりの批判を受けてきた）

---

❸❺❶ ☐ **have received the most attention:** 最大の注目を受けてきた

In this area, categorization **has received the most attention**.
（この領域では、カテゴリー化が最大の注目を受けてきた。）

関連表現：have received much attention（多くの注目を受けてきた）
have received a lot of attention（多くの注目を受けてきた）
have received special attention（特に注目を受けてきた）
have received considerable attention（かなりの注目を受けてきた）

---

❸❺❷ ☐ **have side effects on A:** Aに副作用をもたらす

It may **have side effects on** the following organs:
（それは、以下の臓器に副作用をもたらすかもしれない。）

関連表現：have effects on A：A に影響をもたらす

---

❸❺❸ ☐ **have some advantages:** いくつかの利点がある

This framework **has some advantages**.
（この枠組みには、いくつかの利点がある。）

関連表現：have advantages（利点がある）
have a number of advantages（多くの利点がある）

have the same advantages（同じ利点がある）
the advantages of this proposal（この提案の利点）

---

354 □ **have some bearing on A:** Aと何らかの関係がある

This criticism **has some bearing on** Green's (2016) analysis.
（この批判は、Green (2016)の分析と何らかの関係がある。）

関連表現：have no bearing on meaning（意味とは何の関係もない）
have no particular bearing on A（Aとは特に何の関係もない）
have no direct bearing on A（Aとは直接的な関係は何もない）
have little bearing on the study of language
　　（言語の研究とはほとんど関係がない）
have substantial bearing on A（Aと実質的な関係がある）
may have a bearing on A（Aと関係があるかもしれない）

---

355 □ **have some shortcomings:** いくつかの欠点がある

This argument also **has some shortcomings**.
（この議論にも、いくつかの欠点がある。）

関連表現：have a shortcoming（１つの欠点がある）
have some disadvantages（いくつかの欠点がある）
have serious disadvantages（重大な欠点がある）
have a number of disadvantages（多くの欠点がある）

---

356 □ **have two drawbacks:** ２つの欠点がある

The aforementioned discussion **has** at least **two drawbacks**.
（前述の議論には、少なくとも２つの欠点がある。）

関連表現：have several drawbacks（いくつかの欠点がある）
have a number of drawbacks（多くの欠点がある）
have the following drawbacks（以下の欠点がある）
have significant drawbacks（重大な欠点がある）
the drawbacks of this situation（この状況の欠点）

---

357 □ **help to *do*:** ～する手助けをしてくれる

This may **help to** reduce its toxicity.
（これは、その毒性を減らす手助けをしてくれるかもしれない。）

関連表現：help to avoid misunderstanding（誤解を避ける手助けをする）
help to account for this phenomenon

（この現象を説明する手助けをする）
help to answer the questions（その問題に答える手助けをする）
help *do*（～する手助けをする）
help explain this generalization（この一般化を説明する手助けをする）
help solve the problem（その問題を解決する手助けをする）

358 ☐ **hence:** したがって

Hence, there is no need to distinguish between them.
（したがって、それらを区分する必要は何もない。）

359 ☐ **huge amounts of A:** 大量のA

The resulting reaction releases **huge amounts of energy**.
（その結果として生じる反応は、大量のエネルギーを放出する。）

関連表現：huge amounts of data（大量のデータ）
large amounts of information（大量の情報）
large amounts of energy（大量のエネルギー）
large amounts of carbon（大量の炭素）
a huge amount of overlap（大量の重複）
a large amount of carbon（大量の炭素）
a large amount of vitamin C（大量のビタミンC）
vast amounts of water（大量の水）

360 ☐ **if not identical:** 完全には同一ではないけれども

They are very similar, **if not identical**.
（完全には同一ではないけれども、それらは非常によく似ている。）

関連表現：if not overt（顕在的ではないけれども）
if not impossible（不可能ではないけれども）
if not meaningless（無意味ではないけれども）
if not all（すべてではないけれども）
if not superior results（すぐれた結果ではないけれども）

361 ☐ **illustrate this point:** この点を例証する

To **illustrate this point**, consider the following examples:
（この点を例証するために、以下の例について考えてみよう。）

関連表現：illustrate the following points（以下の点を例証する）
illustrate another property（別の特性を例証する）
illustrate the role of A（Aの役割を例証する）

illustrate the fact that S+V（〜という事実を例証する）
in order to illustrate this fact（この事実を例証するために）

---

362 □ in a concise style: 簡潔な文体で

This book is written **in a concise style**.
（本書は、簡潔な文体で書かれている。）

関連表現：in a clear style（明確な文体で）
in an accessible style（理解しやすい文体で）
in a conversational style（会話体で）
in a formal style（形式的なスタイルで）

---

363 □ in a sense: ある意味では

In a sense, this is not always a new problem.
（ある意味では、これは必ずしも新しい問題ではない。）

関連表現：in some sense（ある意味では）
in another sense（別の意味では）
in one sense（ある意味では）
in Prince's (2007) sense（Prince (2007)の意味では）
in this sense（この意味では）
in the following sense（以下の意味では）

---

364 □ in a similar vein: 同様に（して）

In a similar vein, Johnson (2020) conducted the following study:
（同様にして、Johnson (2020) も以下の研究を行った。）

---

365 □ in a similar way: 同様にして

These structures are made **in a similar way**.
（これらの構造は、同様にして作られる。）

関連表現：in fundamentally similar ways（基本的には似たような形で）
in the same way（同様に）
in exactly the same way（まったく同様に）
in essentially the same way（本質的には同様に）

---

366 □ in a word: 一言で言えば

In a word, this generalization seems somewhat simplistic.
（一言で言えば、この一般化はやや単純化し過ぎているように思われる。）

367 □ **in addition:** さらには

> **In addition**, the following nutrients are needed:
> （さらには、以下の栄養素も必要とされる。）

368 □ **in addition to A:** Aにくわえて

> **In addition to** Principle A, Principle B is necessary here.
> （原理Aにくわえて、原理Bもここでは必要である。）

> **関連表現**：in addition to this（これにくわえて）
> in addition to that（それにくわえて）
> in addition to these problems（これらの問題にくわえて）

369 □ **in alphabetical order:** アルファベット順で

> References are listed **in alphabetical order**.
> （参考文献は、アルファベット順でリストされている。）

> **関連表現**：alphabetically（アルファベット順で）
> in chronological order（年代順に）
> in numerical order（番号順に）
> in random order（順不同で）
> in no particular order（順不同で）

370 □ **in at least some cases:** 少なくともいくつかの場合には

> **In at least some cases**, some problems may occur.
> （少なくともいくつかの場合には、何らかの問題が生じるかもしれない。）

> **関連表現**：in most cases（ほとんどの場合には）
> in these cases（これらの場合には）
> in this case（この場合には）
> in each case（各々の場合には）
> in such cases（このような場合には）
> in the following cases（以下の場合には）

371 □ **in Chapter 8 of this book:** 本書の第8章で

> These studies are discussed **in Chapter 8 of this book**.
> （これらの研究は、本書の第8章で議論される。）

> **関連表現**：in Chapters 7 and 8 of this book（本書の第7章と第8章で）
> in Chapters 2-4 of this book（本書の第2章〜第4章で）
> the final version of this book（本書の最終版）

372 ☐ **in collaboration with A:** Aと共同で

These experiments were carried out **in collaboration with** Dr. Peter Johnson.

（これらの実験は Peter Johnson 博士と共同で行われた。）

関連表現：in collaboration with French researchers
（フランスの研究者と共同で）
in collaboration with Kyoto University（京都大学と共同で）

373 ☐ **in comparison to A:** Aと比較すると

In comparison to Johnson's (2015) arguments, this view seems incorrect.

（Johnson (2015)の議論と比較すると、この見解は不正確なように思われる。）

関連表現：in comparison to these approaches
（これらのアプローチと比較すると）
in comparison to other constructions（他の構文と比較すると）

374 ☐ **in each case:** 各々のケースで、各々の場合で

In each case, the situation is quite different.

（各々のケースで、その状況はかなり異なっている。）

関連表現：in every case（すべてのケースで）
in about every case（ほぼすべてのケースで）

375 ☐ **in evolutional terms:** 進化の観点から

This is also important **in evolutional terms**.

（これは進化の観点からも重要である。）

関連表現：in functional terms（機能的観点から）
in technical terms（専門的観点から）
in biological terms（生物学的観点から）
in mathematical terms（数理的観点から）
in more abstract terms（より抽象的な観点から）

376 ☐ **in future research:** 今後の研究では

In future research, the following points need to be further clarified:
（今後の研究では、以下の点がさらに明確にされる必要がある。）

関連表現：in future studies（今後の研究では）
in future work（今後の研究では）

377 ☐ **in general:** 一般に

In general, the area of a triangle can be expressed as follows:
（一般に、三角形の面積は、次のように表すことができる。）

関連表現：generally（一般に）

378 ☐ **in greater detail:** より詳細に、さらに詳細に

These structures are explained **in greater detail** on page 32.
（これらの構造は、32ページでより詳細に説明される。）

関連表現：in detail（詳細に）
in more detail（より詳細に）
in further detail（さらに詳細に）
in considerable detail（かなり詳細に）
in great detail（かなり詳細に）
in some detail（やや詳細に）

379 ☐ **in isolation from A:** Aとは別に

This should be investigated **in isolation from** Rice's (2018) generalization.
（これは、Rice (2018)の一般化とは別に、探究されるべきである。）

関連表現：in isolation from these theories（これらの理論とは別に）

380 ☐ **in joint work with A:** Aとの共同研究で

This model was developed **in joint work with** Mark H. Green.
（このモデルは、Mark H. Green 氏との共同研究で開発された。）

381 ☐ **in large measure:** 大いに、かなり

This concept should be defined, **in large measure** independently of experience.
（この概念は、経験とは大いに独立させて、定義されるべきである。）

関連表現：in great measure（大いに、かなり）
at least in large measure（少なくとも大いに）
depend in large measure on A（Aにかなり依存している）
be in large measure due to A（大いにAによるものである）

382 ☐ **in more depth:** より詳細に

This topic is discussed **in more depth** below.

（このトピックは、以下でより詳細に議論される。）

関連表現：in depth（詳細に）
in considerable depth（かなり詳細に）
in great depth（かなり詳細に）
in some depth（やや詳細に）

383 ☐ **in order to do this:** これをするためには

In order to do this, there is a need to classify these data.

（これをするためには、これらのデータを分類する必要がある。）

関連表現：in order to account for A（Aを説明するために）
in order to cope with this problem（この問題を取り扱うために）
in order to satisfy these requirements（これらの要件を満たすために）
in order to be properly interpreted（適切に解釈されるためには）

384 ☐ **in particular:** 特に

In particular, the results are rather surprising.

（特に、その結果はかなりの驚きである。）

関連表現：particularly（特に）

385 ☐ **in practice:** 実際上は

In theory, this is true, but **in practice**, this is false.

（理論上はこれは真であるが、実際上はこれは偽である。）

関連表現：in theory at least（少なくとも理論上は）
both in theory and in practice（理論的におよび実践的に）
it is difficult in practice to *do*（実際上は〜することは難しい）

386 ☐ **in reality:** 現実には、実際には

In reality, this perspective is completely ignored.

（現実には、この観点は完全に無視されている。）

関連表現：in fact（実のところ、実際には）
as a matter of fact（実際には）

387 ☐ **in Roman numerals:** ローマ数字で

They are written **in Roman numerals**.

（それらはローマ数字で表記される。）

関連表現：in Arabic numerals（アラビア数字で）

---

388 □ **in short:** 要するに

In short, this observation is far from the truth.

（要するに、この見解は真実から程遠いのである。）

関連表現：put shortly（要するに）
　　　　　　in brief（要するに）

---

389 □ **in some ways:** いくつかの点で

In some ways, this is similar to Lewis's (2017) approach.

（いくつかの点で、これはLewis (2017)のアプローチに似ている。）

関連表現：in many ways（多くの点で）
　　　　　　in three ways（3つの点で、3通りに）
　　　　　　in several ways（いくつかの点で）
　　　　　　in various ways（様々な点で）
　　　　　　in a variety of ways（様々な点で）

---

390 □ **in summary:** まとめれば、まとめると

In summary, they boil down to three reasons.

（まとめれば、それらは3つの理由に集約される。）

関連表現：in sum（まとめれば）
　　　　　　to sum up（まとめれば）
　　　　　　summing up（まとめれば）

---

391 □ **in terms of A:** Aの観点から

These phenomena are explainable **in terms of** Principle B.

（これらの現象は、原理Bの観点から説明することができる。）

関連表現：in terms of strength（強さの観点から）
　　　　　　in terms of categorization（カテゴリー化の観点から）
　　　　　　in terms of features（素性の観点から）
　　　　　　in terms of these levels（これらのレベルの観点から）
　　　　　　in terms of Long (2002)（Long (2002)の観点から）
　　　　　　in terms of the definition in (4)（(4)の定義の観点から）

392 ☐ **in the case of A:** Aの場合には

This is especially so **in the case of** Pattern B.

（これは、パターンBの場合には、特にそうである。）

関連表現：in this case（この場合には）
in the case of cancer（ガンの場合には）
in the case of language（言語の場合には）
in the case of Japanese（日本語の場合には）
in the case of reanalysis（再分析の場合には）
in the case of language evolution（言語進化の場合には）
in the case of (10a)（(10a)の場合には）

393 ☐ **in the diagram on the right:** 右側の図式に

This is shown **in the diagram on the right**.

（この点は、右側の図式に示されている。）

関連表現：in the diagram on the left（左側の図式に）
in the example on the right（右側の事例では）
the picture on the right（右側の写真）
the model on the right（右側のモデル）

394 ☐ **in the final chapter:** 最終章では

In the final chapter, some directions for future research are presented.

（最終章では、今後の研究に向けてのいくつかの方向性が提示される。）

関連表現：in this final section（この最終節では）
in the final section（最終節では）
in this final chapter（この最終章では）
in the final section of this paper（本稿の最終節では）

395 ☐ **in the first case:** 最初のケースでは

In the first case, this notation is used.

（最初のケースでは、この表記法が用いられる。）

関連表現：in the second case（2つ目のケースでは）
in the former case（前者の場合には）
in the latter case（後者の場合には）

396 ☐ **in the following order:** 以下の順序で

These cards were presented **in the following order**:

（これらのカードは、以下の順序で提示された。）

関連表現：in the same order（同じ順序で）
in a random order（ランダムな順序で）
in order of size（大きさの順に）
in either order（いずれの順序でも）
in order of frequency（頻度順に）
in the order of frequency（頻度順に）
in order of age（年齢順に）

397 □ in the following way: 次のように

Nation (2009) summarizes this process **in the following way**:
（Nation (2009)は、このプロセスを次のようにまとめている。）

関連表現：in the following manner（以下のように）

398 □ in the form of A: Aの形で

The energy was emitted **in the form of** light.
（そのエネルギーは光の形で放出された。）

関連表現：in the form of a variable（変項の形で）
in the form of fats（脂肪の形で）
in the form of carbohydrates（炭水化物の形で）
in the form of an interview（インタビュー形式で）

399 □ in (the) light of A: Aの観点から

The former prediction is borne out **in the light of** these data.
（前者の予測は、これらのデータの観点から実証される。）

関連表現：in light of A（Aの観点から）
in light of this analysis（この分析の観点から）
in light of the fact that S+V（〜という事実の観点から）
in light of this proposal（この提案の観点から）
in the light of Long (2018)（Long (2018)の観点から）
in the light of evolution（進化の観点から）
particularly in the light of A（特にAの観点から）
especially in the light of A（特にAの観点から）

400 □ in the literature of A: Aの文献では

This topic has received little treatment **in the literature of** linguistics.

（このトピックは、言語学の文献では、ほとんど取り扱われてこなかった。）

関連表現：in the literature of language learning（言語学習の文献では）
in the literature of philosophy（哲学の文献では）
in the literature of the 1970s（1970年代の文献では）

---

401 ☐ **in the right-hand column:** 右側の縦列に

These abbreviations are listed **in the right-hand column**.

（これらの略称は、右側の縦列に示されている。）

関連表現：in the left-hand column（左側の縦列に）
in the right-hand row（右側の横列に）
in the left-hand row（左側の横列に）

---

402 ☐ **in the sense of A:** Aの意味で

Note here that this term is used **in the sense of** Prince (2008).

（この用語はPrince (2008)の意味で使用されている点に、ここでは注意されたい。）

関連表現：in the sense of evolution（進化の意味では）
in the sense of Section 3（第3節の意味で）
in the sense of note 6（注6の意味で）
in the sense of *doing*（～する意味では）

---

403 ☐ **in the wake of A:** Aの結果として

This phenomenon happens **in the wake of** globalization.

（この現象は、グローバル化の結果として生じている。）

関連表現：in the wake of global warming（地球温暖化の結果として）
in the wake of Johnson (2019)（Johnson (2019)の結果として）

---

404 ☐ **in theory:** 理論上は

In theory, this is true, but in practice, this is false.

（理論上はこれは真であるが、実際上はこれは偽である。）

関連表現：at least in theory（少なくとも理論上は）
be possible in theory（理論上は可能である）
if not in theory（理論上ということではないけれども）

---

405 ☐ **in this book:** 本書では

In this book, a groundbreaking study is conducted in the field of linguistics.

（本書では、言語学の領域において、草分け的な研究が行われている。）

関連表現：in this paper（本稿では）
in this article（本稿では）
in this volume（本巻では）

---

406 ☐ **in this case:** この場合には

In this case, the process becomes more complicated.

（この場合には、そのプロセスはさらに複雑になる。）

関連表現：only in this case（この場合にのみ）
perhaps in this case（おそらくこの場合には）
at least in this case（少なくともこの場合には）

---

407 ☐ **in this model:** このモデルでは

In this model, the ego is static.

（このモデルでは、自己は静的である。）

関連表現：a mathematical model（数理モデル）
other models（その他のモデル）
Long's (2000) model（Long (2000)のモデル）
within this model（このモデルの中で）
within such a model（このようなモデルの中で）

---

408 ☐ **in this more general sense:** このより一般的な意味で

This term is used **in this more general sense**.

（この用語は、このより一般的な意味で使用されている。）

関連表現：in this sense（この意味では）
in that sense（その意味では）
in a wide sense（広い意味で、広義には）
in a wider sense（より広い意味で、より広義には）
in a broad sense（広い意味で、広義には）
in a broader sense（より広い意味で、より広義には）
in a narrow sense（狭い意味で、狭義には）
in a narrower sense（より狭い意味で、より狭義には）

---

409 ☐ **in this respect:** この点において

The phenomena above are interesting **in this respect**.

（上記の現象は、この点において、興味深いものである。）

関連表現：in these respects（これらの点において）
in some respect（ある点において）
in that respect（その点では）
in every respect（すべての点で）
in other respects（他の点では）
in another respect（別の点では）
in the following respects（以下の点で）
in many respects（多くの点で）
in some respects（いくつかの点で）
in several respects（いくつかの点で）
in two respects（2つの点で）

410 ☐ **in this way:** このようにして

These substances are obtained **in this way**.

（これらの物質は、このようにして得られる。）

関連表現：understood in this way（このように理解すれば）
in that way（そのように）

411 ☐ **in three ways:** 3通りに

For example, this concept can be expressed **in three ways**.

（例えば、この概念は3通りに表現することができる。）

関連表現：in two ways（2通りに）
in at least two ways（少なくとも2通りに）
in at least three ways（少なくとも3通りに）

412 ☐ **inasmuch as S+V:** ～なのだから

Such a claim is theoretically welcome inasmuch as it suggests.

（このような主張は、それが示唆するのだから、理論的に歓迎される。）

関連表現：inasmuch as it implies that S+V
（それは～ということを含意するのだから）
inasmuch as this relationship is neutral
（この関係は中立的なのだから）

413 ☐ **in-depth analyses:** 詳細な分析

In this volume, **in-depth analyses** of language play are presented.
（本巻では、ことば遊びの詳細な分析が提示される。）

関連表現：an in-depth analysis（詳細な分析）
a more in-depth analysis of A（Aのより詳細な分析）
an in-depth exploration of A（Aの詳細な探究）
in-depth research on A（Aに関する詳細な研究）
more in-depth studies of A（Aのより詳細な研究）

414 ☐ **instead of A:** Aの代わりに

In it, light is produced **instead of** heat.
（その中では、熱の代わりに光が生み出される。）

関連表現：instead of nouns（名詞の代わりに）
instead of *doing*（〜する代わりに）
instead of postulating it（それを仮定する代わりに）

415 ☐ *inter alia*: とりわけ

For a similar observation, see *inter alia* Johnson & Green (2012).
（似たような見解としては、とりわけJohnson & Green (2012)を参照されたい。）

関連表現：among others（とりわけ）
among other things（とりわけ）

416 ☐ **it follows that S+V:** 〜ということになる

Because of this, **it follows that** all organisms are made up of cells.
（このため、すべての生物は細胞から成り立っているということになる。）

関連表現：it also follows that S+V（〜ということにもなる）
it therefore follows that S+V（したがって〜ということになる）
it still follows that S+V（依然として〜ということになる）
it no longer follows that S+V（〜ということにはもはやならない）

417 ☐ **it is a well-known fact that S+V:**
〜ということはよく知られた事実である

It is a well-known fact that the diameter is twice the radius.
（直径が半径の2倍であるということは、よく知られた事実である。）

関連表現：it is a trivial fact that S+V（〜ということは取るに足らない事実である）
it is a rather striking fact that S+V

（～ということはかなり顕著な事実である）

418 □ **it is almost impossible to *do*:** ～することはほぼ不可能である

Therefore, **it is almost impossible to** support the latter hypothesis.
（したがって、後者の仮説を支持することはほぼ不可能である。）

関連表現：it is nearly impossible to do（～することはほぼ不可能である）
　　　　　it is impossible to *do*（～することは不可能である）
　　　　　it is almost impossible to talk about A
　　　　　　（Aについて語るのはほぼ不可能である）
　　　　　it is completely impossible to *do*（～することは完全に不可能である）
　　　　　it is generally impossible to *do*（～することは一般には不可能である）
　　　　　it is also impossible to *do*（～することも不可能である）
　　　　　it is not impossible to *do*（～することは不可能ではない）

419 □ **it is clear that S+V:** ～は明らかなことである

It is also **clear that** these problems are beyond the scope of this research.
（これらの問題が本研究の範囲を超えていることも、明らかなことである。）

関連表現：it is not clear at all that S+V（～は全く明らかではない）
　　　　　it is not clear that that S+V（～は明らかではない）
　　　　　it is quite clear that S+V（～はかなり明らかである）
　　　　　it is very clear that S+V（～はかなり明らかである）
　　　　　it is already clear that S+V（～は既に明らかである）
　　　　　it is sufficiently clear that S+V（～は十分に明らかである）
　　　　　it should be clear that S+V（～は明らかであるべきである）
　　　　　it becomes clear that S+V（～ということが明らかとなる）

420 □ **it is customary to *do*:** ～するのが通例である

In this framework, **it is customary to** distinguish the two types.
（この枠組みでは、その2つのタイプを区分するのが通例である。）

関連表現：it is not customary to *do*（～するのは通例ではない）

421 □ **it is for this reason that S+V:** ～はこのためである

It is for this reason that it obeys the law of conservation of mass.
（それが質量保存の法則に従うのは、このためである。）

関連表現：it is for the same reason that S+V（～は同じ理由のためである）

422 ☐ **it is generally believed that S+V:** 〜と一般には考えられている

It is generally believed that meaning construction is equated with conceptualization.

（意味構築は概念化と同等であると、一般には考えられている。）

関連表現：it is believed that S+V（〜と考えられている）
it has been believed that S+V（〜と考えられてきた）
it is widely believed that S+V（〜と広く考えられている）
it is normally believed that S+V（通常は〜と考えられている）

---

423 ☐ **it is helpful to** *do*: 〜することが有益である

On the other hand, **it is** also **helpful to** explore why the differences between them exist.

（その一方で、それらの間の違いがなぜ存在するのかを探究することも有益である。）

関連表現：it is also helpful to *do*（〜することも有益である）
it is useful to *do*（〜することが有益である）
it is very helpful to *do*（〜することはかなり有益である）
it may be helpful to *do*（〜することが有益であるかもしれない）
it would be helpful to *do*（〜することが有益であるであろう）
it is quite helpful to *do*（〜することはかなり有益である）
it may be useful to *do*（〜することが有益であるかもしれない）

---

424 ☐ **it is important to** *do*: 〜することが重要である

Here, **it is important to** distinguish between them properly.

（ここでは、それらの間を適切に区分することが重要である。）

関連表現：it is particularly important to *do*（〜することが特に重要である）
it is especially important to *do*（〜することが特に重要である）
it is also important to *do*（〜することも重要である）
it is very important to *do*（〜することがかなり重要である）
it is highly important to *do*（〜することがかなり重要である）
it is not important to *do*（〜することは重要ではない）
it becomes important to *do*（〜することが重要になる）

---

425 ☐ **it is meaningless to** *do*: 〜しても無意味である

However, **it is meaningless to** compare these two approaches.

（しかしながら、この2つのアプローチを比較しても無意味である。）

関連表現：be too meaningless（無意味すぎる）
　　　　　　may be meaningless（無意味であるかもしれない）
　　　　　　a meaningless debate（無意味な論争）
　　　　　　if not meaningless（無意味ではないけれども）

426 □ **it is more appropriate to** *do*: ～する方がより適切である

It is more appropriate to say that there is a causal link between them.
（それらの間には因果関係があると言う方が、より適切である。）

関連表現：it is not appropriate to *do*（～するのは適切ではない）
　　　　　　it would be appropriate to *do*（～するのが適切であろう）
　　　　　　it would not be appropriate to *do*（～するのは適切ではないであろう）
　　　　　　it seems appropriate to *do*（～するのが適切なように思える）

427 □ **it is necessary to** *do*: ～する必要がある、～することが必要である

For this purpose, **it is necessary to** analyze these data.
（この目的のためには、これらのデータを分析することが必要である。）

関連表現：it is not necessary to *do*（～する必要はない、～することは必要ない）
　　　　　　it is hardly necessary to *do*（ほとんど～する必要はない）
　　　　　　it is no longer necessary to *do*（もはや～する必要はない）
　　　　　　it is still necessary to *do*（依然として～する必要がある）
　　　　　　it is therefore necessary to *do*（したがって～する必要がある）

428 □ **it is needless to say that:** ～は言うまでもないことである

It is needless to say that Johnson's (2012) discussion is pointless.
（Johnson (2012)の議論が的外れであることは、言うまでもないことである。）

関連表現：needless to day（言うまでもなく）

429 □ **it is no accident that S+V:** ～ということは何も偶然ではない

It is no accident that they have the same function.
（それらが同じ機能を有していることは、何も偶然ではない。）

関連表現：by accident（偶然に）
　　　　　　it cannot be an accident that S+V
　　　　　　　（～ということは偶然であるはずがない）
　　　　　　it would merely be an accident that S+V
　　　　　　　（～ということはただ単に偶然であろう）

430 ☐ **it is no exaggeration to say that S+V:**
〜と言っても何ら過言ではない

It is no exaggeration to say that language reflects general cognition.
(言語は一般認知を反映していると言っても何ら過言ではない。)

関連表現：it is not too much to say that S+V（〜と言っても何ら過言ではない）

---

431 ☐ **it is no surprise that S+V:** 〜は何ら驚くべきことではない

It is no surprise that they are complementary to each other.
(それらがお互いに相補的であることは、何ら驚くべきことではない。)

関連表現：it is not a surprise that S+V（〜は驚きではない）

---

432 ☐ **it is no wonder that S+V:** 〜は何ら不思議なことはない

It is no wonder that other approaches have such disadvantages.
(他のアプローチがこのような欠点を持っていたとしても、何ら不思議なことはない。)

---

433 ☐ **it is not easy to *do*:** 〜することは容易なことではない

It is not easy to predict the movement of this object.
(この物体の動きを予測することは、容易なことではない。)

関連表現：it is relatively easy to *do*（〜することは比較的やさしい）
it is very easy to do（〜することはかなりやさしい）
it is fairly easy to do（〜することはかなりやさしい）
it is not always easy to do（〜することは必ずしもやさしくはない）

---

434 ☐ **it is not surprising that S+V:** 〜は驚くべきことではない

It is therefore **not surprising that** they lack this knowledge.
(したがって、それらがこの知識を欠いていることは、驚くべきことではない。)

関連表現：it is surprising that S+V（〜は驚くべきことである）
it is at least surprising that S+V（〜は少なくとも驚くべきことである）
it is not at all surprising that S+V（〜はまったく驚くべきことではない）
it is not so surprising that S+V（〜はそれほど驚くべきことではない）

---

435 ☐ **it is obvious that S+V:** 〜ということは明らかである

It is obvious that Johnson (2009) neglects these facts:
(Johnson (2009)がこれらの事実を無視していることは、明らかである。)

関連表現：it is therefore obvious that S+V
（したがって～ということは明らかである）
it is not obvious that S+V（～ということは明らかではない）
it is not at all obvious that S+V
（～ということはまったく明らかではない）
it is hardly obvious that S+V（～ということはほとんど明らかではない）
it should be obvious that S+V（～ということは明らかなはずである）
it becomes obvious that S+V（～ということが明らかになる）

436 □ it is relatively well known that S+V:
～ということは比較的よく知られている

It is relatively well known that metonymy is ubiquitous in language.
（メトニミーが言語の中に偏在していることは、比較的よく知られている。）

関連表現：it is well known that S+V（～ということはよく知られている）
it is quite well-known that S+V（～はかなりよく知られている）
it is also well-known that S+V（～ということもよく知られている）
it is now well-known that S+V（～は今ではよく知られている）

437 □ it is said that S+V: ～と言われている

Even today, **it is said that** food is in short supply
（今日でも、食料が不足していると言われている。）

関連表現：it is sometimes said that S+V（時々～と言われている）
it is often said that S+V（～とよく言われている）
it is explicitly said that S+V（～と明確に言われている）
it can be said that S+V（～と言うことができる）
it may be said that S+V（～と言われるかもしれない）

438 □ it is thought that S+V: ～と考えられている

It is thought that it also exists in other languages.
（それは多言語にも存在するものと考えられている。）

関連表現：it is now thought that S+V（今や～と考えられている）
it is also thought that S+V（～とも考えられている）
it is often thought that S+V（しばしば～と考えられている）
it is sometimes thought that S+V（時には～と考えられている）

439 □ it is unsurprising that S+V: ～は驚くべきことではない

However, **it is unsurprising that** this sort of approach is necessary.

（しかしながら、この種のアプローチが必要であることは、驚くべきことではない。）

---

440 ☐ **it may be very difficult to** *do*:
～することはかなり難しいかもしれない

It may be very difficult to apply this technique to the study of cancer.
（この技術をガンの研究に応用することは、かなり難しいかもしれない。）

関連表現：it might be very difficult to *do*
（～することはかなり難しいかもしれない）
it would be difficult to *do*（～することは難しいであろう）
it is difficult to *do*（～することは難しい）
it is very difficult to *do*（～することはかなり難しい）
it is extremely difficult to *do*（～することはかなり難しい）
it becomes difficult to *do*（～することが難しくなる）

---

441 ☐ **it seems safe to assume that S+V**:
～と仮定するのが無難なように思える

Here, **it seems safe to assume that** this prediction is false.
（ここでは、この予測は誤っていると仮定するのが無難なように思える。）

関連表現：it seems reasonable to conclude that S+ V
（～と結論づけるのが妥当なように思える）
it seems safe to conclude that S+V
（～と結論づけるのが無難なように思える）
it is safe to assume that S+V（～と仮定するのが無難である）
it is safe to *do*（～するのが無難である）
it is relatively safe to *do*（～するのが比較的無難である）
it may be safe to *do*（～するのが無難であるかもしれない）
it seems plausible to *do*（～するのが妥当なように思える）
it seems quite natural to *do*（～するのがかなり自然なように思える）
it seems premature to conclude that S+V
（～と結論づけるのは時期尚早であるように思える）

---

442 ☐ **it take a long time to** *do*: ～するのには長い時間がかかる

In that sense, **it takes a long time to** obtain these results.
（その意味では、これらの結果を得るためには、長い時間がかかる。）

関連表現：it takes time to *do*（～するのには時間がかかる）

443 ☐ **later on:** その後、しばらくすると

Later on, they might use demonstratives such as *this* and *that*.
（その後、彼らは*this*や*that*などの指示詞を使用するかもしれない。）

関連表現：sooner or later（遅かれ早かれ、いつかは）

---

444 ☐ **lead to a deeper understanding of A:**
Aのより深い理解へとつながる

Adopting such approaches can **lead to a deeper understanding of** language structure and language use.
（このようなアプローチを採用することは、言語構造と言語使用のより深い理解へとつながりうる。）

関連表現：obtain a deeper understanding of A（Aをより深く理解する）
gain a deeper understanding of A（Aをより深く理解する）
contribute to a deeper understanding of A
（Aのより深い理解に貢献する）
need a deeper understanding of A（Aのより深い理解が必要である）

---

445 ☐ **lead to misunderstandings:** 誤解につながる

Unfortunately, these suggestions may **lead to misunderstandings**.
（残念なことに、これらの示唆は誤解につながるかもしれない。）

関連表現：lead to a contradiction（矛盾につながる）
lead to a paradox（逆説につながる）
lead to the same problem（同じ問題につながる）
lead to interesting results（興味深い結果につながる）
lead to the suggestion that S+V（～という提案につながる）
lead to the conclusion that S+V（～という結論につながる）

---

446 ☐ **lend strong support to A:** Aを強く支持する

This evidence also **lends strong support to** the following hypothesis:
（この証拠も、以下の仮説を強く支持している。）

関連表現：lend further support to A（Aをさらに支持する）
lend support to A（Aを支持する）
lend additional support to A（Aをさらに支持する）
lend rather strong support to A（Aをかなり強く支持する）
lend no support to A（Aを何ら支持しない）

447 ☐ **let us begin with A:** Aで始めることにしよう

Let us begin with an example of metaphor discussed by Diamond (2009).
（Diamond (2009)によって議論されたメタファーの事例で始めることにしよう。）

関連表現：let us start with A（Aで始めることにしよう）
　　　　　let us return to A（Aに戻ろう）
　　　　　let us go back to A（Aに戻ろう）

448 ☐ **let us consider A:** Aを検討してみよう

Let us consider again the two accounts presented in Section 2.
（第2節で提示した2つの説明を、もう一度検討してみよう。）

関連表現：let us now consider A（次にAについて検討してみよう）
　　　　　let us look more closely now at A（次にAをより詳しく見てみよう）
　　　　　let us now consider A（次にAを検討してみよう）
　　　　　let us first consider A（まずAを検討してみよう）
　　　　　let us take a brief look at A（Aを簡単に見てみよう）
　　　　　let us look at A（Aを見てみよう）
　　　　　let us focus on A（Aに注目してみよう）
　　　　　let us turn now to A（次にAに目を向けてみよう）
　　　　　let us next turn to A（次にAに目を向けてみよう）
　　　　　let us turn finally to A（最後にAに目を向けてみよう）

449 ☐ **let us suppose that S+V:** ～と仮定してみよう

Let us suppose that there is no direct link between them
（それらの間には、直接的なつながりはないと仮定してみよう。）

関連表現：let us assume that S+V（～と仮定してみよう）

450 ☐ **lie at the core of A:** Aの中核に位置する

This view **lies at the** very **core of** cognitive linguistics.
（この見解は、認知言語学のまさに中核に位置している。）

関連表現：lie at the very core of A（Aのまさに中核に位置する）
　　　　　lie at this level（このレベルに位置する）
　　　　　lie at the heart of this book（本書の中核に位置する）
　　　　　lie at the basis of A（Aの基盤に位置する）

451 ☐ **lie in the following facts:** 以下の事実の中にある

The answer to this question lies in the following facts:
（この問題の答えは、下記の事実の中にある。）

関連表現：lie in the fact that S+V（～という事実の中にある）
　　　　　　lie in the linguistic system（言語システムの中にある）

---

452 □ **likewise:** 同様に

Likewise, Ford's (2017) generalization needs to be reconsidered.
（同様に、Ford (2017)の一般化も、再検討される必要がある。）

関連表現：similarly（同様に）

---

453 □ **little is known about A:**
　　　Aに関してはほとんど何も知られていない

However, **little is known about** the diversity of this structure.
（しかしながら、この構造の多様性に関しては、ほとんど何も知られていない。）

関連表現：nothing is known about A（Aに関してはまったく何も知られていない）
　　　　　　much is known about A（Aに関しては多くのことが知られている）

---

454 □ **look briefly at A:** Aを簡単に考察する

Chapter 3 **looks briefly at** what an allergic reaction is.
（第3章では、アレルギー反応とは何なのかについて、簡単に考察する。）

関連表現：look closely at A（Aを詳細に考察する）
　　　　　　look primarily at A（主としてAを考察する）
　　　　　　look carefully at A（Aをじっくりと考察する）
　　　　　　look exclusively at A（Aを包括的に考察する）
　　　　　　look systematically at A（Aを体系的に考察する）
　　　　　　look only at A（Aのみを考察する）

---

455 □ **lowercase letters:** 小文字

They are indicated by **lowercase letters**.
（それらは小文字で示されている。）

関連表現：small letters（小文字）
　　　　　　uppercase letters（大文字）
　　　　　　capital letters（大文字）
　　　　　　subscript(ed) letters（下付き文字）
　　　　　　superscript letters（上付き文字）

456 ☐ **make five claims:** 5つの主張をする

Oxford (2011) **makes five claims** here.
(Oxford (2011)は、ここで5つの主張をしている。)

関連表現：make the following claim（以下の主張をする）
make an important claim（重要な主張をする）
make a very strong claim about A（Aについてかなり強い主張をする）
several claims made here（ここでなされたいくつかの主張）
the claim made by Long (2002)（Long (2002)によってなされた主張）

457 ☐ **make no explicit mention of A:**
Aについては何も明確には述べていない

Johnson (2000) **makes no explicit mention of** it.
(Johnson (2000)は、それについては、何も明確には述べていない。)

関連表現：make no mention of A（Aについては何も述べていない）
there is no mention of A（Aについての言及は何もない）

458 ☐ **make sense of A:** Aを意味づける

Categorization is always needed in order to **make sense of** them.
(カテゴリー化は、それらを意味づけるためには、常に必要とされる。)

関連表現：make sense of experience（経験を意味づける）
make sense of this fact（この事実を意味づける）
make sense of the history of science（科学史を意味づける）

459 ☐ **make this point clearer:** この点をより明確にする

Johnson's (2009) insights **make this point clearer**.
(Johnson (2009)の洞察は、この点をより明確にしてくれている。)

関連表現：make this clearer（これをより明確にする）
make this clear（これを明確にする）
make this concrete（これを具体化する）
make this distinction clear（この違いを明確にする）
make this notion more precise（この概念をより精密にする）
make this argument compelling（この議論を説得力のあるものにする）

460 ☐ **many other problems:** 他の多くの問題

There are **many other problems** with this framework.
(この枠組みには、他にも多くの問題がある。)

関連表現：many other languages（他の多くの言語）
many other drawbacks（他の多くの欠点）
many other examples（他の多くの例）
many other references（他の多くの参考文献）
many other mammals（他の多くの哺乳類）

461 ☐ may also be considered as A:
Aとしても考えられるかもしれない

This **may also be considered as** a reasonable explanation.
（これは、1つの合理的な説明としても考えられるかもしれない。）

関連表現：may also be true of Spanish（スペイン語にも当てはまるかもしれない）
may also be reflected in A（Aの中にも反映されているかもしれない）
it may also be worth mentioning that S+V
（〜にも言及する価値があるかもしれない）
it may be the case that S+V（〜ということは正しいかもしれない）

462 ☐ may be useful: 有益であるかもしれない

These diagrams **may be useful** for teaching purposes.
（これらの図式は、教授目的では有益であるかもしれない。）

関連表現：may be overt（顕在的であるかもしれない）
may be ambiguous（曖昧であるかもしれない）
may be insufficient（不十分であるかもしれない）
may be irrelevant（無関連であるかもしれない）
may be too easy（やさしすぎるかもしれない）

463 ☐ may need to *do*: 〜する必要があるかもしれない

This assumption **may need to** be reconsidered.
（この仮定は再考される必要があるかもしれない。）

関連表現：may need to consider A（Aを検討する必要があるかもしれない）
may need to be revisited（再考される必要があるかもしれない）

464 ☐ may sound strange: 奇妙に響くかもしれない

This interpretation **may sound** very **strange**.
（この解釈は、かなり奇妙に響くかもしれない。）

関連表現：may sound odd（奇妙に響くかもしれない）
may sound very strange（かなり奇妙に響くかもしれない）

sound unnatural（不自然に聞こえる）
sound more natural（より自然に聞こえる）
sound quite awkward（かなりぎこちなく聞こえる）

465 □ **meanwhile:** その一方で

Meanwhile, Read (2013) reevaluates the appropriateness of this procedure.
（その一方で、Read (2013)はこの手順の適切性を再評価している。）

関連表現：on the other hand（その一方で）

466 □ **more closely:** より詳しく

Let us consider each of these claims **more closely**.
（これらの主張の各々をより詳しく検討してみよう。）

関連表現：more deeply（より詳細に、より詳しく）
more clearly（より明確に）
more naturally（より自然に）

467 □ **more generally:** より一般的には

More generally, this has an influence on the nervous system.
（より一般的には、これは神経系に影響を与えているのである。）

関連表現：or more generally（あるいはより一般的には）
more in general（より一般的には）
more recently（より最近では）
more properly（より適切には）

468 □ **more often than not:** たいてい（は）

More often than not, they are embedded in our language use.
（たいていは、それらは私たちの言語使用の中に埋め込まれている。）

469 □ **more precisely:** より正確には

More precisely, this notion must be defined as follows:
（より正確には、この概念は次のように定義されなければならない。）

関連表現：more accurately（より正確には）

470 □ **more specifically:** より具体的には

More specifically, it is especially important to reveal the following facts:

（より具体的には、以下の事実を明らかにすることが特に重要である。）

関連表現：more technically（より専門的には）

471 ☐ **moreover:** さらには、さらに

Moreover, it can be classified into the following three types:
（さらには、それは以下の3タイプに分類することができる。）

472 ☐ **move on to A:** Aへと進む

Let us then **move on to** the next discussion.
（それでは、次の議論へと進んでみよう。）

関連表現：move on to more technical discussion（より専門的な議論へと進む）
move on to the next phase（次の段階へと進む）
before moving on to the next section（次節へと進む前に）

473 ☐ **necessary and sufficient conditions:** 必要十分条件

Categories can be defined by **necessary and sufficient conditions**.
（カテゴリーは、必要十分条件によって定義することができる。）

関連表現：a necessary condition（必要条件）
a sufficient condition（十分条件）
the same condition（同じ条件）
the following two conditions（以下の2つの条件）
a variety of conditions（様々な条件）
a series of conditions（一連の条件）

474 ☐ **need revision:** 改訂の必要がある

Hence, the principle mentioned above **needs revision**.
（したがって、上述の原理は改訂の必要がある。）

関連表現：need no explanation（説明の必要は何もない）
need more attention（より注目する必要がある）
need further research（さらなる研究が必要である）
need further investigation（さらなる探究が必要である）
need further exploration（さらなる探究が必要である）

475 ☐ **need to be substantially revised:** 大幅に改訂される必要がある

Therefore, Principle B **needs to be substantially revised**.
（したがって、原理Bは大幅に改訂される必要がある。）

関連表現：need to be slightly revised（微修正される必要がある）
need to be straightforwardly explained
（率直に説明される必要がある）
need to be properly understood（適切に理解される必要がある）
need to be further studied（さらに研究される必要がある）
need to be presented here（ここで提示される必要がある）

476 ☐ **need to be used:** 使用される必要がある

These numbers **need to be used** with care.
（これらの数字は、注意深く使用される必要がある。）

関連表現：need to be satisfied（満たされる必要がある）
need to be explained（説明される必要がある）
need to be defined（定義される必要がある）
need to be posited（仮定される必要がある）

477 ☐ **needless to say:** 言うまでもなく

Needless to say, human beings are social animals.
（言うまでもなく、人間は社会的な動物である。）

関連表現：it is needless to say that S+V（～は言うまでもないことである）

478 ☐ **nevertheless:** それにも関わらず

Nevertheless, the former approach seems untenable.
（それにも関わらず、前者のアプローチは擁護できないように思われる。）

479 ☐ **not to mention A:** Aはもちろんのこと、Aは言うまでもなく

This category includes vegetables, **not to mention** fruits.
（このカテゴリーには、果物はもちろんのこと、野菜も含まれる。）

関連表現：not to mention biology（生物学は言うまでもなく）
not to mention previous work（先行研究はもちろんのこと）

480 ☐ **note also that S+V:** ～という点にも注意されたい

Note also that, within this system, there is considerable flexibility.
（このシステムの中ではかなりの柔軟性があるという点にも注意されたい。）

関連表現：note that S+V（～という点に注意されたい）
note here that S+V（ここでは～という点に注意されたい）
note however that S+V（しかしながら～という点に注意されたい）

note further that S+V（さらには〜という点に注意されたい）
note in passing that S+V（ついでながら〜という点に注意されたい）
note at this point that S+V（この時点では〜という点に注意されたい）

481 ☐ **notwithstanding A:** Aにも関わらず

Notwithstanding the analyses above, questions still remain with respect to the evolution of language.

（上記の分析にも関わらず、言語の進化に関わる問題が依然として残されている。）

関連表現：notwithstanding this observation（この見解にも関わらず）
notwithstanding linguistic variation（言語的変容にも関わらず）

482 ☐ **nowadays:** 今日では、最近では

Nowadays, this term is considered inappropriate.

（今日では、この用語は不適切だと考えられている。）

関連表現：recently（最近では）
more recently（より最近では）

483 ☐ **obey this constraint:** この制約に従う

In fact, the sentence (7b) **obeys this constraint**.

（事実、文(7a)はこの制約に従っている。）

関連表現：obey the law of conservation of mass（質量保存の法則に従う）
follow the law of conservation of mass（質量保存の法則に従う）
obey this principle（この原理に従う）
obey the same condition（同じ条件に従う）

484 ☐ **obtain these results:** これらの結果を得る

In that sense, it takes a long time to **obtain these results**.

（その意味では、これらの結果を得るためには、長い時間がかかる。）

関連表現：obtain this reading（この読みを得る）
obtain a different reading（別の読みを得る）
obtain a different interpretation（別の解釈を得る）
obtain the following structure（以下の構造を得る）
obtain a deeper understanding of A（Aをより深く理解する）

485 ☐ **occur accidentally:** 偶然に生じる

This phenomenon **occurs accidentally**.
（この現象は偶然に生じる。）

関連表現：occur on purpose（意図的に生じる）
occur between them（それらの間に生じる）
occur at the end of the sentence（文末に生じる）
occur twice（2度生じる）

486 □ **occur as a result of A:** Aの結果として生じる

This phenomenon **occurs as a result of** the following processes:
（この現象は、以下のプロセスの結果として生じる。）

関連表現：occur as a result of these conflicts
（これらの対立の結果として生じる）

487 □ **occur at the same time:** 同時に生じる

They cannot **occur at the same time**.
（それらは同時に生じることはできない。）

関連表現：happen at the same time（同時に生じる、同時に起こる）
may occur at the same time（同時に起こるかもしれない）
must occur at the same time（同時に生じなければならない）

488 □ **offer another lens through which to** *do*:
～するための別の見方を提供する

The latter viewpoint **offers another lens through which to** analyze these data.
（後者の視点は、これらのデータを分析するための別の見方を提供してくれる。）

関連表現：through the sociological lens（社会学的な見方を通して）
through the lens of A（Aの見方を通して）

489 □ **offer compelling insights into A:** 説得力のある洞察を与える

This book **offers compelling insights into** the evolution of language.
（本書は、言語の進化に対して、説得力のある洞察を与えている。）

関連表現：offer some insights into A（Aにいくつかの洞察を与える）
offer a serious counterargument to A（Aに重大な反論を与える）
offer the following evidence（以下の証拠を提供する）
offer a solution to this problem（この問題の解決策を提供する）
offer new data（新しいデータを提供する）

offer an account of A（Aの説明を提供する）
offer an analysis of A（Aの分析を提供する）

490 ☐ **offer no way of *doing*:** 〜する方法を何も提供してくれない

However, this analysis **offers no way of** explaining the differences mentioned in Section 2.

（しかしながら、この分析は第 2 節で述べた違いを何も説明してくれない。）

関連表現：offer interesting ways of *doing*（〜する興味深い方法を提供する）
offer a way to *do*（〜するための方法を提供する）
offer a method for *doing*（〜するための方法を提供する）
offer new perspectives for *doing*
　　（〜するための新しい視点を提供する）

491 ☐ **on a graph:** グラフ上に

Functions can be shown **on a graph**.

（関数はグラフ上に示すことができる。）

関連表現：the graph on the right（右側のグラフ）
the graph on the left（左側のグラフ）
the graph of a function（関数のグラフ）

492 ☐ **on a regular basis:** 定期的に

These research plans should be reviewed **on a regular basis**.

（これらの研究計画は、定期的に見直されるべきである。）

関連表現：on a daily basis（日常的に、日々）
on a fairly regular basis（かなり定期的に）
on a case by case basis（ケースバイケースで）
on a yearly basis（1 年ごとに）

493 ☐ **on average:** 平均すれば、平均すると

On average, Japan's annual growth rate is 12.5%.

（平均すれば、日本の年間成長率は 12.5% である。）

494 ☐ **on balance:** 結局のところ

On balance, the latter approach would be more desirable.

（結局のところ、後者のアプローチの方がより望ましいであろう。）

495 ☐ **on the basis of A:** Aに基づいて

On the basis of this analysis, Fox (2009) reaches the following conclusion:
（この分析に基づいて、Fox (2009)は以下の結論に達している。）

関連表現：based on this analysis（この分析に基づいて）
based on experiments（実験に基づいて）
on the basis of the following counterexamples
（以下の反例に基づいて）
on the basis of Japanese data（日本語のデータに基づいて）

496 ☐ **on the surface:** 表面上は

These patters may differ **on the surface**.
（これらのパターンは、表面上は異なっているかもしれない。）

関連表現：at least on the surface（少なくとも表面上は）
be similar on the surface（表面上は似ている）
be on the surface very similar to A（表面上はAにかなり似ている）
on the surface of the brain（脳の表面に）

497 ☐ **one after another:** 次々に

In this field, new phenomena are discovered **one after another**.
（この領域では、新しい現象が次々に発見されている。）

498 ☐ **one example of such an attempt:** このような試みの一例

The analysis mentioned in Section 4 is **one example of such an attempt**.
（第4節で述べた分析は、このような試みの一例である。）

関連表現：one example of this phenomenon（この現象の一例）

499 ☐ **one solution to this problem:** この問題への１つの解決策

One solution to this problem was to use agrichemicals.
（この問題への１つの解決策は、農薬を使用することであった。）

関連表現：a solution to this problem（この問題への１つの解決策）
a straightforward solution to A（Aへの率直な解決策）
a different solution to A（Aへの別の解決策）
another solution to A（Aへの別の解決策）
Long's (2017) solution to this problem
（Long (2017)によるこの問題への解決策）

500 ☐ one way of *doing* it is to *do*:
それをする１つの方法は～することである

One way of doing it is to adopt the former approach.
（それをする１つの方法は、前者のアプローチを採用することである。）

関連表現：a new way of *doing*（～する新しい方法）
a novel way of *doing*（～する新しい方法）
another way of *doing*（～する別の方法）
a natural way of *doing*（～する自然な方法）
the only way of *doing*（～する唯一の方法）

501 ☐ only for educational purposes: 教育上の目的でのみ

These data are used **only for educational purposes**.
（これらのデータは、教育上の目的でのみ、使用される。）

関連表現：for educational purposes（教育上の目的で）
for teaching purposes（教授目的で）
for evaluative purposes（評価目的で）
for descriptive purposes（記述的な目的で）
for these purposes（これらの目的で）
for various purposes（様々な目的で）
for some purposes（いくつかの目的で）

502 ☐ only when necessary: 必要な時にのみ

These signs were given **only when necessary**.
（これらの合図は、必要な特にのみ、与えられた。）

関連表現：when necessary（必要な時に）
when appropriate（適切な時に）
when available（入手可能な時に）
when possible（可能な時に）

503 ☐ outline A: Aを概説する、Aの概要を述べる

Chapter 3 **outlines** Johnson & Johnson's (2010) theory.
（第３章では、Johnson & Johnson (2010)の理論について概説する。）

関連表現：outline the basic properties of A（Aの基本特性の概要を述べる）
outline this theoretical framework（この理論的枠組みを概説する）
be outlined below（以下で概説される）
the model outlined in Section 4（第４節で概説されたモデル）

the outline of this theory（この理論の概要）

---

504 ☐ **over the years:** 長年にわたって

Over the years, the functions of metaphor have been widely studied.
（長年にわたって、メタファーの機能は、広範に研究されてきた。）

関連表現：over a long period of years（長年にわたって）
over the same period（同じ期間にわたって）
over roughly the same period（ほぼ同じ期間にわたって）
over a number of years（何年にもわたって）
over a period of time（ある期間にわたって）
over time（そのうち、時が経つにつれて）

---

505 ☐ **overall:** 全体的に見て、結局のところ

Overall, in intensive agriculture, large amounts of energy are used.
（全体的に見て、集約農業では、大量のエネルギーが使用される。）

---

506 ☐ **part of A:** Aの一部

Part of this problem is already obvious.
（この問題の一部は、既に明らかである。）

関連表現：part of the problem（その問題の一部）
part of the answer（その答えの一部）
be part of our culture（私たちの文化の一部である）
be part of the whole picture（全体像の一部である）
be not part of A（Aの一部ではない）
become part of A（Aの一部になる）

---

507 ☐ **pave the way for A:** Aへの道を開拓する、Aへの道を開く

Johnson (2020) **paves the way for** the discussion stated above.
（Johnson (2020)は、上述の議論への道を開拓している。）

関連表現：pave the way for this debate（この論争への道を開く）
pave the way for a deeper understanding of A
（Aのより深い理解へと道を開拓する）

---

508 ☐ **pay little attention to A:** Aにほとんど注意を払わない

Gordon (2001) also **pays little attention to** these errors.
（Gordon (2001)も、これらのエラーにほとんど注意を払っていない。）

：pay attention to A（Aに注意を払う）

pay special attention to A（Aに特に注意を払う）

pay particular attention to A（Aに特に注意を払う）

pay considerable attention to A（Aにかなりの注意を払う）

pay no attention to A（Aに何の注意も払わない）

pay little attention to A（Aにほとんど注意を払わない）

---

509 □ **pay no heed to A:** Aに注意を払わない

Linguistic studies that **pay no heed to** meaning are basically pointless.

（意味に注意を払わない言語研究は、基本的に的外れである。）

関連表現：pay heed to A（A に注意を払う、A に注意する）

---

510 □ **per person:** 一人当たり

The world average in 2015 was 0.18 hectares **per person**.

（2015年の世界平均は、一人当たり0.18ヘクタールだった。）

関連表現：per hectare（1ヘクタールにつき）

per year（1年当たり）

per minute（1分につき）

per day（1日当たり）

per week（1週間当たり）

per age group（年齢層ごとに）

two or three hours per day（1日につき2-3時間）

---

511 □ **place emphasis on A:** Aを強調する

This principle **places emphasis on** the universality of linguistic structure.

（この原理は、言語構造の普遍性を強調している。）

関連表現：place greater emphasis on A（Aをさらに強調する）

put an emphasis on A（Aを強調する）

put a strong emphasis on A（Aをかなり強調する）

put so much emphasis on A（Aをかなり強調する）

have an emphasis on A（Aを強調する）

with emphasis on A（Aを強調して）

with special emphasis on A（Aを特に強調して）

---

512 □ **place little emphasis on A:** Aについてはほとんど強調していない

Green (2010) **places little emphasis on** the latter hypothesis.

（Green (2010)では、後者の仮説については、ほとんど強調していない。）

関連表現：place emphasis on A（Aを強調する）
place little emphasis on A（Aをほとんど強調しない）
put little emphasis on A（Aをほとんど強調しない）
have little emphasis on A（Aをほとんど強調しない）

513 ☐ **play a crucial role in A:** Aにおいて決定的な役割を果たす

They **play a crucial role in** language learning.
（それらは、言語学習において決定的な役割を果たしている。）

関連表現：play an important role in A（Aにおいて重要な役割を果たす）
play a key role in A（Aにおいて重要な役割を果たす）
play a vital role in A（Aにおいてきわめて重要な役割を果たす）
play a similar role in A（Aにおいて似たような役割を果たす）
play a major role in A（Aにおいて主要な役割を果たす）

514 ☐ **plenty of A:** たくさんのA

There is **plenty of** evidence of metonymy in everyday language.
（日常言語の中には、メトニミーの証拠がたくさんある。）

関連表現：plenty of space（たくさんの空間、たくさんのスペース）
plenty of evidence（たくさんの証拠）
plenty of reports（たくさんの報告書）
plenty of information（たくさんの情報）
plenty of problems（多くの問題）
plenty of real examples（多くの実例）
plenty of advantages（多くの利点）

515 ☐ **point out A:** Aを指摘する

Apple & Taylor (2018) **points out** some important issues.
（Apple & Taylor (2018)は、いくつかの重要な問題を指摘している。）

関連表現：as he points out（彼が指摘するように）
point out it correctly（それを正しく指摘する）
point out that S+V（～ということを指摘する）
have repeatedly pointed out that S+V
（～ということを繰り返し指摘してきた）
be first pointed out by Long (1990)
（Long (1990)によってはじめて指摘される）
as pointed out by Rubin (1996)
（Rubin (1996)によって指摘されるように）

516 □ **previous studies:** 先行研究

Through a review of **previous studies**, the following points were clarified.
（先行研究を振り返ることを通して、以下の点が明らかにされた。）

関連表現：previous research（先行研究）
in previous work（先行研究では）
in previous studies（先行研究では）
be consistent with previous studies（先行研究と一致している）

517 □ **propose a new model:** 新しいモデルを提案する

Bender (1996) goes on to **propose a new model** of language use.
（Bender (1996)は、続けて、言語使用の新しいモデルを提案している。）

関連表現：propose the following analysis（以下の分析を提案する）
propose a principle of semantic interpretation
（意味解釈の原理を提案する）
this paper proposes that S+V（本稿は〜ということを提案する）
as she proposes（彼女が提案するように）
have been proposed by Green (2001)
（Green (2001)によって提案されてきた）
the approach proposed by Green (2001)
（Green (2001)によって提案されたアプローチ）

518 □ **provide a glimpse of A:** Aを簡単に見る

The purpose of this chapter is to **provide a glimpse of** this diversity.
（本章の目的は、この多様性を簡単に見ることである。）

関連表現：provide a new perspective on A（Aに新しい視点を投じる）
provide a historical perspective on A（Aに歴史的な視点を提供する）

519 □ **provide a justification for A:** Aを正当化する

Indeed, it **provides a** strong **justification for** Johnson's (2019) arguments.
（事実、それはJohnson (2019)の議論を強く正当化している。）

関連表現：provide a strong justification for A（Aを強く正当化する）
provide no justification for A（Aを何ら正当化しない）

520 □ **provide a useful way of *doing*:** 〜する有益な方法を提供する

Nation's (2008) concepts **provide a useful way of** describing this phenomenon.

（Nation (2008)の概念は、この現象を記述するのに有益な方法を提供している。）

関連表現：provide a way of *doing*（〜する方法を提供する）
provide a new way of *doing*（〜する新しい方法を提供する）
provide a way to *do*（〜する方法を提供する）
provide a natural way to *do*（〜する自然な方法を提供する）
provide no way to *do*（〜する方法を何も提供していない）
provide one way of *doing*（〜する１つの方法を提供する）
provide no way of *doing*（〜する方法を何も提供していない）

521 □ provide an example of this type: このタイプの一例である

The example in (7) **provides an example of this type**.
（(7)の事例は、このタイプの一例である。）

関連表現：provide a good example of A（Aの好例を提供する）
provide a wide variety of examples（多種多様な例を提供する）
provide some counterexamples to this generalization
　　　（この一般化への反例をいくつか提供する）
provide an example sentence（例文を提供する）

522 □ provide an explanation for A: Aに対して説明を与える

Read (2012) **provides an explanation for** the following facts:
（Read (2012)は、以下の事実に対して、説明を与えている。）

関連表現：provide a straightforward explanation for A
　　　（Aに対して率直な説明を与える）
provide a natural explanation for A（Aに対して自然な説明を与える）
provide an account for A（Aに対して説明を与える）

523 □ provide clues as to A: Aに関する手がかりを提供する

This discussion **provides** some **clues as to** linguistic motivation.
（この議論は、言語的動機づけに関わるいくつかの手がかりを提供している。）

関連表現：provide a cue to *do*（〜するための手がかりを提供する）
provide evidence that S+V（〜という証拠を提供する）
provide an answer to this problem（この問題に１つの答えを与える）
provide a starting point for A（Aへの出発点を提供する）
provides a basis for A（Aに対して基盤を提供する）

524 □ provide important insight into A:

Aに対して重要な洞察を与える

This article also **provides important insight into** the evolution of language.

（本稿も、言語の進化に対して、重要な洞察を与えている。）

関連表現：provide insights into A（Aに対して洞察を与える）
provide little insight into A（Aに対してほとんど洞察を与えていない）
provide no insight into A（Aに対して何の洞察も与えていない）

525 ☐ **provide support for A:** Aを支持する

These data **provide** solid **support for** the universality of Principle A.

（これらのデータは、原理Aの普遍性を強力に支持している。）

関連表現：support A（Aを支持する）
provide further support for A（Aをさらに支持する）
provide evidence for A（Aの証拠づけとなる）
provide strong support for A（Aを強く支持する）
provide support for the claim that S+V（〜という主張を支持する）
provide support for the hypothesis that S+V
（〜という仮説を支持する）
provide more support for A（Aをさらに支持する）
provide solid support for A（Aを強固に支持する）
provide no support for A（Aを何ら支持していない）

526 ☐ **quantitative data:** 量的データ

The following are examples of **quantitative data**:

（以下は、量的データの例である。）

関連表現：qualitative data（質的データ）
experimental data（実験データ）
these data（これらのデータ）
new data（新しいデータ）
the following data from A（Aからの以下のデータ）
on the basis of data（データに基づいて）

527 ☐ **questions still remain with respect to A:**

Aに関わる問題が依然として残される

Notwithstanding the analyses above, **questions still remain with respect to** the evolution of language.

（上記の分析にも関わらず、言語の進化に関わる問題が依然として残されている。）

関連表現：the problem remains as to A（Aに関する問題が残される）
the question still remains as to A
（Aに関する問題が依然として残される）

---

528 □ **raise an issue:** 問題を提起する

However, even a simple example **raises** a number of **issues**.
（しかしながら、単純な一例でさえも、数多くの問題を提起してしまう。）

関連表現：raise another question（別の問題を提起する）
raise a question（問題を提起する）
raise some research questions（いくつかの研究課題を提起する）
raise a similar question（似たような問題を提起する）
raise important problems（重要な問題を提起する）
raise the possibility that S+V（～という可能性を提起する）

---

529 □ **rather than A:** Aというよりもむしろ

They are regarded as foods **rather than** medicines.
（それらは、医薬品というよりも、むしろ食物として見なされている。）

関連表現：rather than Japanese（日本語よりもむしろ）
rather than Principle B（原理Bよりもむしろ）
rather than absolute（絶対的というよりもむしろ）
rather than empirical（経験的というよりもむしろ）

---

530 □ **reach the following conclusion:** 以下の結論に達する

On the basis of this analysis, Fox (2009) **reaches the following conclusion**:
（この分析に基づいて、Fox (2009)は以下の結論に達している。）

関連表現：arrive at the following conclusion（以下の結論に達する）
arrive at this conclusion（この結論に達する）
lead to the same conclusion（同じ結論に達する）
the conclusion that S+V（～という結論）
this conclusion is correct（この結論は正しい）

---

531 □ **recall A:** Aを思い出してもらいたい

Recall the discussion in Chapter 1.

（第1章での議論を思い出してもらいたい。）

関連表現：recall that S+V（〜ということを思い出してもらいたい）
recall from Chapter 1 that S+V
（第1章から〜ということを思い出してもらいたい）
recall also that S+V（〜ということも思い出してもらいたい）
recall here that S+V（ここでは〜ということを思い出してもらいたい）

532 ☐ **remain open:** 未解決のままである

Unfortunately, this problem **remains open**.

（残念ながら、この問題は未解決のままである。）

関連表現：remain an open problem（未解決の問題のままである）
remain constant（一定のままである）
remain low（低いままである）
remain controversial（議論の種のままである）
remain important（重要なままである）
remain accessible（アクセス可能なままである）
remain problematic（問題のあるままである）
remain the same（同じままである）
remain a mystery（謎のままである）

533 ☐ **remain unclear:** 不明のままである

It **remains unclear** whether or not it takes place.

（それが生じるかどうかは、不明のままである。）

関連表現：remain unknown（未知のままである）
remain unchanged（不変のままである）
remain untested（検証されないままである）
remain unused（未使用のままである）
remain unresolved（未解決のままである）
remain unexplained（説明されないままである）
remain unanswered（未回答のままである）

534 ☐ **research institutes:** 研究機関

These new technologies have been developed in universities and **research institutes**.

（これらの新しい技術は、大学や研究機関で開発されてきた。）

関連表現：a research institute（研究機関）
a university（大学）

535 ☐ **resolve this contradiction:** この矛盾を解決する

Johnson (2019) proposes a new criterion for purposes of **resolving this contradiction**.

(Johnson (2019)は、この矛盾を解決する目的で、1つの新しい基準を提案している。)

関連表現：resolve all problems（すべての問題を解決する）
resolve this issue（この問題を解決する）
to resolve this paradox（この逆説を解決するために）
be partially resolved（部分的に解決される）
cannot be resolved（解決することができない）
the ambiguity resolved（解決された曖昧性）

536 ☐ **respectively:** それぞれ

The values of x and y are 0.5 and 1.2, **respectively**.

（x と y の値は、それぞれ 0.5 と 1.2 である。）

537 ☐ **rest on A:** Aに依存する

This argument **rests on** the premise that language structure emerges from language use.

（この議論は、言語構造が言語使用から生じるという前提に依存している。）

関連表現：rest on this distinction（この区分に依存する）
rest on the presence of A（Aの存在に依存する）
rest upon this framework（この枠組みに依存する）

538 ☐ **result in confusion:** 混乱（混同）を引き起こす

This definition may **result in confusion**.

（この定義は、混乱（混同）を引き起こすかもしれない。）

関連表現：result in failure（失敗につながる）
result in deviance（逸脱につながる）
result in a hierarchical structure（階層構造を結果づける）
may result in ambiguity（曖昧さにつながるかもしれない）

539 ☐ **reveal the following facts:** 以下の事実を明らかにする

More specifically, it is especially important to **reveal the following facts**:

（より具体的には、以下の事実を明らかにすることが特に重要である。）

関連表現：reveal that S+V（〜ということを明らかにする）
reveal these principles（これらの原理を明らかにする）
reveal interesting facts about A
（Aについての興味深い事実を明らかにする）
reveal the presence of A（Aの存在を明らかにする）
be very partially revealed（かなり部分的に明らかにされる）
have revealed that S+V（〜ということを明らかにしてきた）

540 ☐ rotate clockwise: 時計回りに回転する、右回りに回転する

The axis also **rotates clockwise**.

（その軸も、時計回りに回転する。）

関連表現：in a clockwise manner（時計回りに、右回りに）
in a clockwise direction（時計回りの方向に）

541 ☐ rotate counterclockwise:
反時計回りに回転する、左回りに回転する

It continued to **rotate counterclockwise**.

（それは反時計回りに回転し続けた。）

関連表現：rotate anticlockwise（反時計回りに回転する、左回りに回転する）
in a counterclockwise manner（反時計回りに、左回りに）
in an anticlockwise manner（反時計回りに、左回りに）

542 ☐ rule out the following possibility: 以下の可能性を除外する

Unfortunately, Johnson (2018) **rules out the following possibility**:

（残念なことに、Johnson (2018)は以下の可能性を除外している。）

関連表現：rule out such cases（このようなケースを除外する）
rule out the possibility that S+V（〜という可能性を除外する）
should rule out this possibility（この可能性を除外すべきである）
be generally ruled out from A（一般にAからは除外される）
should be ruled out（除外されるべきである）

543 ☐ see Appendix A: 付録Aを参照されたい

For more details, **see Appendix A**.

（さらなる詳細は、付録Aを参照されたい。）

関連表現：see Davis (1988)（Davis (1988)を参照されたい）
see Section 4（第4節を参照されたい）

see Chapter 4 (第4章を参照されたい)
see note 2 (注2を参照されたい)
see also Long (2012) (Long (2012)も参照されたい)

544 ☐ **see pages 100-102:** 100-102ページを参照されたい

For more about ions, see **pages 100-102**.
(イオンの詳細については、100-102ページを参照されたい。)

関連表現：see page 66 (66ページを参照されたい)
see also pages 15 and 77 (15ページと77ページも参照されたい)

545 ☐ **seek to *do*:** ～することを試みる

This article **seeks to** reconsider the framework of Johnson (2020).
(本稿では、Johnson (2020)の枠組みを再考することを試みる。)

関連表現：attempt to *do* (～することを試みる)
seek to account for such phenomena
(このような現象を説明することを試みる)
must seek to *do* (～することを試みなければならない)
should seek to *do* (～することを試みるべきである)
attempt to answer the question (その問題に答えることを試みる)
must attempt to *do* (～することを試みなければならない)
should attempt to *do* (～することを試みるべきである)

546 ☐ **seem untenable:** 擁護できないように思われる

Nevertheless, the former approach **seems untenable**.
(それにも関わらず、前者のアプローチは擁護できないように思われる。)

関連表現：be completely untenable (完全に擁護できない)
be empirically untenable (経験的に擁護できない)
seem tenable (擁護できるように思われる)
be generally tenable (一般には擁護できる)
be not tenable (擁護できない)
be no longer tenable (もはや擁護できない)

547 ☐ **set out A:** Aを述べる

The 2000 and 2005 books **set out** this theory in detail.
(2000年と2005年の本が、この理論を詳細に述べている。)

関連表現：set out this view (この見解を述べる)

set out its role（その役割を述べる）

be set out in explicitly Long (2018)

（Long (2018)で明確に述べられている）

as set out by Simon (2019)（Simon (2019)によって述べられるように）

548 □ set out to *do*: ～することを試みる、～することを目指す

This book **sets out to** explain the differences between them.

（本書では、それらの間の違いを説明することを試みる。）

関連表現：set out to explain this phenomenon

（この現象を説明することを試みる）

set out to calculate it（それを計算することを目指す）

sets out to explore them in more detail

（それらをより詳細に探究することを試みる）

549 □ shed light on A: Aを明らかにする、Aを解明する

Wilson (2020) **sheds light on** a new way of analyzing the workings of the nervous system.

（Wilson (2020)は、神経系の働きを分析する新しい方法を明らかにしている。）

関連表現：shed light on these phenomena（これらの現象を解明する）

shed light on these issues（これらの問題を明らかにする）

550 □ should be investigated: 探究されるべきである

This **should be investigated** in isolation from Rice's (2018) generalization.

（これは、Rice (2018)の一般化とは別に、探究されるべきである。）

関連表現：investigate the nature of A（Aの性質を探究する）

can be investigated（探究することができる）

the question to be investigated next（次に探究されるべき問題）

should be investigated in terms of A

（Aの観点から探究されるべきである）

should be pointed out（指摘されるべきである）

551 □ should not be confused with A: Aと混同されるべきではない

These terms **should not be confused with** each other.

（これらの用語は、お互いに混同されるべきではない。）

関連表現：should not be ignored（無視されるべきではない）

should not be posited（仮定されるべきではない）

should not be construed as A（Aとして解釈されるべきではない）

---

552 ☐ **should not be underestimated:** 過小評価されるべきではない

Wagner's (2007) research **should not be underestimated**.

（Wagner (2007)の研究は、過小評価されるべきではない。）

関連表現：be underestimated（過小評価される）
have often been underestimated（しばしば過小評価されてきた）
cannot underestimate this consequence
（この帰結を過小評価することはできない）

---

553 ☐ **similar to A:** Aと同様に

Similar to Johnson (2001), London (2012) adopts this explanation.

（Johnson (2001)と同様に、London (2012)もこの説明を採用している。）

関連表現：be similar to A（Aと同様である、Aに似ている）
be structurally similar to A（Aと構造的に似ている）
be roughly similar to A（大まかにはAと似ている）

---

554 ☐ **simply put:** 端的に言えば

Simply put, concepts must be meaningful.

（端的に言えば、概念は意味を持っていなければならないのである。）

関連表現：to put it simply（端的に言えば）
put simply（端的に言えば）

---

555 ☐ **some problems to be overcome:** 克服すべき問題

There are **some** major **problems to be overcome**.

（克服すべき主要な問題がいくつかある。）

関連表現：a problem to be addressed（議論されるべき問題）
the question to be investigated next（次に探究されるべき問題）
a hypothesis to be tested（検証されるべき仮説）
one exception to be discussed below
（以下で議論されるべき1つの例外）

---

556 ☐ **specialize in A:** Aを専門とする

This researcher **specializes in** social psychology.

（この研究者は、社会心理学を専門としている。）

関連表現：specialize in the study of insects（昆虫研究を専門とする）
specialize in molecular biology（分子生物学を専門とする）
specialize in taxonomy（分類学を専門とする）

557 □ stand out against A: Aに対して際立つ、Aに対して目立つ

The Figure **stands out against** the Ground.
（図は地に対して際立っている。）

関連表現：this stands out against A（これはAに対して際立っている）
stand out against the ground（地に対して目立っている）

558 □ strictly speaking: 厳密に言えば

Strictly speaking, the definition of context is extremely difficult.
（厳密に言えば、文脈の定義はきわめて難しい。）

関連表現：broadly speaking（大まかに言えば）
intuitively speaking（直観的に言えば）
technically speaking（専門的に言えば）
generally speaking（一般的に言えば）
roughly speaking（大まかに言えば）
descriptively speaking（記述的に言えば）
logically speaking（論理的に言えば）
statistically speaking（統計学的に言えば）
metaphorically speaking（比喩的に言えば）

559 □ stylistic improvements: 文体の改善

I also thank Paul Johnson for **stylistic improvements**.
（また、文体の改善に関しては、Paul Johnson氏にも感謝したい。）

関連表現：stylistic corrections（文体上の修正）

560 □ summarize this process: このプロセスをまとめる

Nation (2009) **summarizes this process** in the following way:
（Nation (2009)は、このプロセスを次のようにまとめている。）

関連表現：sum up this section（本節をまとめる）
summarize Rubin's (1988) analysis（Rubin (1988)の分析をまとめる）
to summarize the facts so far（ここまでの事実をまとめると）
be briefly summarized（端的にまとめられている）
can be summarized as follows（以下のようにまとめることができる）

to sum up this chapter （本章をまとめると）

---

561 ☐ **support this hypothesis:** この仮説を支持する

The following data also **support this hypothesis**:

（以下のデータも、この仮説を支持している。）

関連表現：support this position （この立場を支持する）
support these claims （これらの主張を支持する）
support this consequence （この帰結を支持する）
support the conclusion that S+V （〜という結論を支持する）
be not supported （支持されていない）
be partially supported （部分的に支持されている）
be strongly supported by the fact that S+V
　　　（〜という事実によって強く支持されている）

---

562 ☐ **tackle this problem:** この問題に取り組む

Therefore, it is especially important to **tackle this problem** seriously.

（したがって、この問題に真剣に取り組むことが、特に重要である。）

関連表現：tackle each issue （各々の問題に取り組む）
tackle a different problem （別の問題に取り組む）
needed to be tackled （取り組まれる必要がある）

---

563 ☐ **take account of A:** Aを重視する

Future studies should **take account of** this fact.

（今後の研究では、この事実を重視すべきである。）

関連表現：take no account of A （Aを無視する）
take account of these facts （これらの事実を重視する）
should take account of this difference（この違いを重視すべきである）
take little account of A （Aをほとんど重視していない）

---

564 ☐ **take place:** 生じる、起こる、発生する

Usually, combustion **takes place** in air.

（通常は、燃焼は空気中で生じる。）

関連表現：may take place （生じるかもしれない）
must take place （生じなければならない）
need to take place （生じる必要がある）
cannot take place （生じることができない）

take place prior to A（Aの前に生じる）
take place at this point（この時点で生じる）

565 ☐ **take the form of A:** Aの形式を取る

Surveys often **take the form of** interviews and questionnaires.
（調査は、しばしばインタビューやアンケートの形式を取る。）

関連表現：take the form of interviews（インタビュー形式を取る）
take the form of questionnaires（アンケート形式を取る）
take the form of infinitives（不定詞の形を取る）

566 ☐ **take this position:** この立場を取る

Unfortunately, Evans (2008) does not **take this position**.
（残念なことに、Evans (2008)はこの立場を取っていない。）

関連表現：take the position that S+V（～という立場を取る）
adopt the position that S+V（～という立場を採用する）
support the position that S+V（～という立場を支持する）
in this position（この立場では）
if this position is correct（この立場が正しい場合）

567 ☐ **take up a problem:** 問題を取り上げる

In this paper, we **take up** the following **question**:
（本論では、筆者たちは下記の問題を取り上げるつもりである。）

関連表現：take up the following question（以下の問題を取り上げる）
take up these matters（これらの問題を取り上げる）
take up these points one by one（3つの点を1つずつ取り上げる）
take up the claim that S+V（～という主張を取り上げる）
be taken up in Section 5（第5節で取り上げられる）
the basic assumption taken up here
（ここで取り上げられる基本的仮定）

568 ☐ **taken together:** 全体的には

Taken together, these data reveal the following problems:
（全体的には、これらのデータは以下の問題を明らかにしている。）

569 ☐ **taking A into account:** Aを考慮に入れると

Taking these **into account**, the relationship between the two becomes unclear.

（これらのことを考慮に入れると、その２つのものの間の関係は不明瞭なものと
なる。）

関連表現：taking A into consideration（Aを考慮に入れると）
　　　　　take into account the fact that S+V（〜という事実を考慮に入れる）
　　　　　take these facts into account（これらの事実を考慮に入れる）
　　　　　should be taken into account（考慮に入れられるべきである）
　　　　　take it into consideration（それを考慮に入れる）
　　　　　take into consideration the fact that S+V
　　　　　　（〜という事実を考慮に入れる）
　　　　　must be taken into consideration（考慮に入れられなければならない）

570 ☐ **test these hypotheses:** これらの仮説を検証する

The aim of this article is to **test these hypotheses**.

（本稿の目的は、これらの仮説を検証することである。）

関連表現：test this hypothesis（この仮説を検証する）
　　　　　test this prediction（この予測を検証する）
　　　　　must be tested（検証されなければならない）
　　　　　should be tested empirically（経験的に検証されるべきである）
　　　　　have been empirically tested（経験的に検証されてきた）

571 ☐ **that is to say:** つまり（は）

That is to say, it is derived from language use.

（つまりは、それは言語使用から生み出されるのである。）

関連表現：that is（つまり）

572 ☐ **the advantages and disadvantages of A:** Aの利点と欠点

The advantages and disadvantages of this approach are as follows:

（このアプローチの利点と欠点は、以下の通りである。）

関連表現：the benefits and drawbacks of A（Aの利点と欠点）
　　　　　the benefits of such an approach（このようなアプローチの利点）
　　　　　a serious drawback of this theory（この理論の重大な欠点）
　　　　　the advantages of A（A の利点）
　　　　　the disadvantages of A（A の欠点）

573 ☐ **the aforementioned discussion:** 前述の議論、先述の議論

The aforementioned discussion has at least two drawbacks.
（前述の議論には、少なくとも 2 つの欠点がある。）

関連表現：the aforementioned problems（前述の問題）
the aforementioned logic（前述の論理）
see the aforementioned footnote（前述の脚注を参照されたい）

574 ☐ the answer to this question: この問いの答え

The answer to this question might be 'yes'.
（この問いの答えは、「イエス」であるかもしれない。）

関連表現：an answer to this question（この問題の 1 つの答え）
a satisfactory answer to the question（その問題の満足のゆく答え）
an appropriate answer to (33)（(33)の適切な答え）

575 ☐ the bottom line is that S+V: 結論としては〜ということである

The bottom line is that by no means all bacteria are harmful to humans.
（結論としては、すべての細菌が人間にとって有害であるわけではないということである。）

576 ☐ the causes of A: Aの原因

The causes of obesity can be summarized as in Figure 3.
（肥満の原因は、図 3 にあるようにまとめることができる。）

関連表現：the cause of A（Aの原因）
the cause of this problem（この問題の原因）
the main causes of A（Aの主な原因）
the cause of language change（言語変化の原因）
the causes of language disorders（言語障害の原因）

577 ☐ the definition of A: Aの定義

Strictly speaking, **the definition of** context is extremely difficult.
（厳密に言えば、文脈の定義はきわめて難しい。）

関連表現：a new definition of A（Aの新しい定義）
the standard definition of A（Aの標準的な定義）
a valid definition of A（Aの妥当な定義）
reconsider the following definition（以下の定義を再考する）

578 ☐ the depth of A: Aの深さ

The depth of the pond is about 120 meters.
（その池の深さは約120メートルである。）

関連表現：the depth of embedding（埋め込みの深さ）
the depth of about 30 meters（約30メートルの深さがある）
be about 25 meters in depth（深さが約25メートルである）

---

579 ☐ **the details of A:** Aの詳細

The details of this process are discussed in Section 5.
（このプロセスの詳細は、第5節で議論される。）

関連表現：the details of this experiment（この実験の詳細）
the details of this argument（この議論の詳細）
the details of the account（その説明の詳細）
the details of Rice's (2017) analysis（Rice (2017)による分析の詳細）

---

580 ☐ **the diagram below:** 下記の図式、以下の図式

The diagram below shows the process of photosynthesis.
（下記の図式は、光合成のプロセスを示している。）

関連表現：in the diagram below（下記の図式では）
the pie chart below（下記の円グラフ）
the bar chart below（下記の棒グラフ）

---

581 ☐ **the diameter of A:** Aの直径

The diameter of the circle is about 6 centimeters.
（その円の直径は、約6センチメートルである。）

関連表現：the diameter of an atom（原子の直径）
the diameter of a hydrogen atom（水素原子の直径）
have a diameter of 3 centimeters（3センチメートルの直径がある）
be about 3 centimeters in diameter
（直径が約3センチメートルである）

---

582 ☐ **the differences and similarities between A and B:**
AとBの間の相違点と類似点

This theory can explain **the differences and similarities between** ABC
and XYZ.
（この理論は、ABCとXYZの間に見られる相違点と類似点を説明することがで
きる。）

関連表現：some similarities between A and B（AとBのいくつかの類似点）
a further interesting difference between A and B
（AとBの間のさらに興味深い相違点）

---

583 ☐ **the direction of the arrow:** その矢印の向き、その矢印の方向

The motion is represented by **the direction of the arrow**.
（その動きは、その矢印の向きによって示されている。）

関連表現：the direction of language change（言語変化の方向）
the direction of the stimulus（その刺激の方向）
the direction of motion（動きの方向）

---

584 ☐ **the discussion so far:** ここまでの議論

The discussion so far can be summarized as follows:
（ここまでの議論は、次のようにまとめることができる。）

関連表現：the argument so far（ここまでの議論）
so far（ここまでは）
the examples analyzed so far（ここまで分析された事例）
from the evidence collected so far（ここまでに収集された証拠から）
have so far been neglected（これまでは無視されてきた）
to summarize the facts so far（ここまでの事実をまとめると）

---

585 ☐ **the effectiveness of A:** Aの有効性

However, **the effectiveness of** this approach has not yet been empirically tested.
（しかしながら、このアプローチの有効性は、経験的にはまだ検証されていない。）

関連表現：the effectiveness of such methods（このような方法の有効性）
the effectiveness of this system（このシステムの有効性）

---

586 ☐ **the experimental procedure above:** 上記の実験手順

The experimental procedure above is very ideal for this purpose.
（上記の実験手順は、この目的のためにはかなり理想的である。）

関連表現：the above discussion（上記の議論）
the above claims（上記の主張）
the above references（上記の参考文献）
in the example above（上記の例では）
in the diagram below（下記の図式では）

587 ☐ **the following abbreviations:** 以下の略記、以下の略称

For convenience, **the following abbreviations** are used here.
（便宜上、下記の略記（略称）がここでは使用される。）

関連表現：the abbreviations used in this paper（本稿で使用される略記）
a list of abbreviations（略記の一覧表）
three-letter abbreviations（3文字の略記）

588 ☐ **the following much-quoted excerpt:**
頻繁に引用される下記の抜粋

The following much-quoted excerpt clearly states Johnson's (1998)
position:
（頻繁に引用される下記の抜粋は、Johnson (1998)の立場を明確に述べている。）

関連表現：the following excerpt from Johnson (1998)
（Johnson (1998)からの以下の抜粋）
the following excerpt（以下の抜粋）
quote excerpts from the work of Baker (1980)
（Baker (1980)の研究から抜粋を引用する）

589 ☐ **the following symbols:** 以下の記号

These are indicated by **the following symbols**:
（これらのものは、以下の記号によって示される。）

関連表現：these symbols are used（これらの記号が使用される）
complex symbols（複雑な記号）
classificatory symbols（分類記号）
use the following notation（以下の表記法を使用する）

590 ☐ **the former approach:** 前者のアプローチ

One way of doing it is to adopt **the former approach**.
（それをする1つの方法は、前者のアプローチを採用することである。）

関連表現：the former（前者）
the former two structures（前者の2つの構造）
in the former sense（前者の意味では）
in the former case（前者の場合には）
according to the former view（前者の見解によれば）

591 ☐ **the functions of A:** Aの機能

Over the years, **the functions of** metaphor have been widely studied.
（長年にわたって、メタファーの機能は、広範に研究されてきた。）

関連表現：the function of A（Aの機能）
have two functions（2つの機能を有する）
a crucial function（きわめて重要な機能）
cognitive functions（認知機能）
the functions of these genes（これらの遺伝子の機能）
the function of Broca's area（ブローカ野の機能）

592 ☐ **the height of A:** Aの高さ

The height of the box is 3 centimeters.
（その箱の高さは3センチメートルである。）

関連表現：the height of this cylinder（この円柱の高さ）
have a height of 634 meters（634メートルの高さがある）
be 634 meters in height（高さが634メートルである）

593 ☐ **the importance of A:** Aの重要性

Dixon (2012) particularly emphasizes **the importance of** context in language learning.
（Dixon (2012)は、言語学習における文脈の重要性を特に強調している。）

関連表現：the importance of Japanese（日本語の重要性）
the importance of communication（コミュニケーションの重要性）
emphasize the importance of this notion
（この概念の重要性を強調する）

594 ☐ **the internal structure of A:** Aの内部構造

The internal structure of an atom is explained in Section 3.
（原子の内部構造は、第3節で説明される。）

関連表現：the structure of A（Aの構造）
the molecular structure of A（Aの分子構造）
the structure of the theory（その理論の構造）
this hierarchical structure（この階層構造）

595 ☐ **the issue here:** ここでの問題

The issue here is, to a greater or lesser degree, worthy of reconsideration.
（ここでの問題は、多かれ少なかれ、再考する価値がある。）

関連表現：the discussion here（ここでの議論）
the argument here（ここでの議論）
the conclusion here（ここでの結論）
the goal here（ここでの目的）
the proposal here（ここでの提案）

596 ☐ **the latter hypothesis:** 後者の仮説

Therefore, it is almost impossible to support **the latter hypothesis**.
（したがって、後者の仮説を支持することはほぼ不可能である。）

関連表現：the latter（後者）
the latter two structures（後者の２つの構造）
in the latter sense（後者の意味では）
in the latter case（後者の場合には）
according to the latter view（後者の見解によれば）

597 ☐ **the length of A:** Aの長さ

The length of the line segment is 5 centimeters.
（その線分の長さは、5センチメートルである。）

関連表現：the height of A（Aの高さ）
the length of a line（線の長さ）
the length of night（夜の長さ）
the length of the vowel（その母音の長さ）
have a length of 2 kilometers（２キロメートルの長さがある）
be 10 centimeters in length（長さが10センチメートルである）

598 ☐ **the limitations of A:** Aの限界

The limitations of this approach are presented in Section 5.
（このアプローチの限界は、第5節で提示される。）

関連表現：the limits of A（Aの限界）
the limitations of this model（このモデルの限界）
the limits of intuition（直観の限界）
the limits of this work（この研究の限界）

599 ☐ **the model in Figure 5:** 図5のモデル

The model in Figure 5 contrasts strikingly with the one in Figure 6.
（図5のモデルは、図6のモデルときわめて対照的である。）

関連表現：the structure in Figure 1（図1の構造）
the data in Table 3（表3のデータ）

600 □ the nature of A: Aの性質

Language structure cannot be studied without taking into account **the nature of** language use.

（言語構造は、言語使用の性質を考慮することなく、研究することはできない。）

関連表現：the nature and role of abstract concepts（抽象概念の性質と役割）
the nature of language（言語の性質）
the nature of meaning（意味の性質）
the universal nature of A（Aの普遍性）
the recursive nature of grammar（文法の再帰性）

601 □ the only counterexample: 唯一の反例

As shown in (8), this is not **the only counterexample**.

（(8)に示されるように、これが唯一の反例ではない。）

関連表現：the only concern（唯一の懸念）
the only option（唯一の選択肢）
the only explanation（唯一の可能性）
the only difference（唯一の違い）
the only difference between them（それらの間の唯一の違い）
the only way to *do*（〜する唯一の方法）
the only example of A（Aの唯一の例）

602 □ the opposite of A: Aの反対

The opposite of *positive* is *negative*.

（「積極的」の反対は、「消極的」である。）

関連表現：the opposite of passivization（受動化の反対）
be quite the opposite of A（Aのまさに正反対である）
be exactly the opposite of A（Aのまさに正反対である）
be almost the opposite of A（Aのほぼ正反対である）

603 □ the premise that S+V: 〜という前提

This argument rests on **the premise that** language structure emerges from language use.

（この議論は、言語構造が言語使用から生じるという前提に依存している。）

関連表現：given the premise that S+V（〜という前提を与えれば）
depend on the premise that S+V（〜という前提に依存する）
rely on the premise that S+V（〜という前提に依存する）
be based on the premise that S+V（〜という前提に基づいている）

604 ☐ the present volume: 本巻

The present volume deals with a variety of topics.
（本巻では、様々なトピックが取り上げられる。）

関連表現：this volume（本巻）
in this volume（本巻では）
the present paper / this paper（本稿）

605 ☐ the probability of *doing*: 〜する確率

The probability of choosing a red card is 1/2.
（赤いカードを引く確率は、1/2である。）

関連表現：the probability of the event A（事象Aの確率）
the probability for this reaction to occur（この反応が起こる確率）
have a probability of about 25%（約25%の確率である）
with a probability of 25%（25%の確率で）

606 ☐ the procedure of A: Aの手順

The procedure of this experiment is as follows:
（この実験の手順は、以下の通りである。）

関連表現：experimental procedures（実験手順）
the most basic procedure（最も基本的な手順）
such procedures（このような手順）
the procedure of transformations（変形の手順）
require complex procedures（複雑な手順を要求する）

607 ☐ the purpose of this chapter is to *do*:
本章の目的は〜することである

The purpose of this chapter is to provide a glimpse of this diversity.
（本章の目的は、この多様性を簡単に見ることである。）

関連表現：the aim of this chapter is to *do*（本章の目的は〜することである）
the purpose of this section is to *do*（本節の目的は〜することである）
the goal of this section is to *do*（本節の目的は〜することである）

608 □ **the radius of A:** Aの半径

The radius of the circle is 4 centimeters.

（その円の半径は、4センチメートルである。）

関連表現：the radius of a circle（円の半径）
the radius of 2 centimeters（2センチメートルの半径がある）
a circle with a radius of 3 centimeters（半径3センチメートルの円）

---

609 □ **the ratio of A to B:** AとBの割合（比率）

Therefore, **the ratio of** income **to** expenditure is similar.

（したがって、収入と支出の割合は類似している。）

関連表現：the ratio of men to women（男女比）
the ratio of 1 to 3（1：3の比）
represent a ratio of 2 to 1（2：1の比率を示す）
combine in the same ratio（同じ割合で結合する）

---

610 □ **the results of A:** Aの結果

Figure 3 shows **the results of** such an experiment.

（図3は、このような実験の結果を示している。）

関連表現：these experimental results（これらの実験結果）
the results of this study（本研究の結果）
the results of experiments（実験の結果）
the result shown in Figure 7（図7に示された結果）
promising results（望ましい結果）
interesting results（興味深い結果）

---

611 □ **the right side of A:** Aの右辺

The right side of this equation is zero.

（この方程式の右辺は0である。）

関連表現：the left side of A（Aの左辺）
the right-hand side of the equation（その方程式の右辺）
the left-hand side of the equation（その方程式の左辺）
both sides of the equation（その方程式の両辺）

---

612 □ **the role of A:** Aの役割

Clark (2018) does not discuss **the role of** context in language learning.

（Clark (2018) は、言語学習における文脈の役割については、何も議論してい

ない。)

関連表現：the nature and role of abstract concepts（抽象概念の性質と役割）
the role of natural selection（自然淘汰の役割）
explore the role of biology（生物学の役割を探究する）
overemphasize the role of evolution（進化の役割を過大評価する）
in order to verify its role（その役割を実証するために）

---

613 □ the same applies to A: 同じことがAにも適用される

The same applies to decimal numbers.

（同じことが小数にも適用される。）

関連表現：the same argument applies to A（同じ議論がAにも適用される）
the same applies to Long's (2018) analysis
（同じことがLong (2018)の分析にも適用される）
the same applies to Japanese（同じことが日本語にも適用される）

---

614 □ the same can be said for A: 同じことがAについても言える

The same can be said for global warming.

（同じことが地球温暖化についても言える。）

関連表現：the same can be said for (13)（同じことが(13)についても言える）
the same can be said for Spanish
（同じことがスペイン語についても言える）

---

615 □ the significance of A: Aの重要性

The significance of these mechanisms can be tested by experiments.
（これらのメカニズムの重要性は、実験によって検証することができる。）

関連表現：the significance of the doctrine（その学説の重要性）
recognize the significance of this fact（この事実の重要性を認識する）
given the significance of these observations
（これらの見解の重要性を考えれば）

---

616 □ the study of A: Aの研究

The study of heat energy in chemical reactions is generally called thermochemistry.
（化学反応における熱エネルギーの研究は、一般に熱化学と呼ばれる。）

関連表現：the study of the brain（脳の研究）
the study of biolinguistics（生物言語学の研究）

in the study of memory（記憶の研究においては）
dominate the study of language（言語の研究を支配する）

---

617 ☐ **the subject of this chapter:** 本章のテーマ

The subject of this chapter is the process of photosynthesis.

（本章のテーマは、光合成のプロセスである。）

関連表現：the subject of this section（本節のテーマ）
the topic of the next chapter（次章のトピック）
form the subject of Chapter 3（第3章のテーマとなる）

---

618 ☐ **the surface area of A:** Aの表面積

The surface area of the prism is 25.4 square centimeters.

（その角柱の表面積は、25.4平方センチメートルである。）

関連表現：the area of A（Aの面積）
the area of this triangle（この三角形の面積）
the area of a triangle（三角形の面積）
the base area of A（Aの底面積）

---

619 ☐ **the temperature of A:** Aの温度

The temperature of the object is about 32 degrees Celsius.

（その物体の温度は摂氏約32度である。）

関連表現：raise the temperature of water（水の温度を上げる）
lower the temperature of water（水の温度を下げる）
at the temperature of 20 degrees Celsius（摂氏20度の温度で）

---

620 ☐ **the term A:** Aという用語、Aという術語

The term *osmosis* can be defined as follows:

（「浸透」という用語は、下記のように定義することができる。）

関連表現：the terms A and B（AとBという用語）
a technical term（専門用語）
technical terms（専門用語）

---

621 ☐ **the total amount of A:** Aの総量

Therefore, **the total amount of** water is 8 liters.

（したがって、水の総量は8リットルである。）

関連表現：the amount of data（データの量）
the amount of working memory（作業記憶の量）
the amount of oxygen（酸素の量）
the amount of water used（使用水量）

622 □ the total number of A: Aの総数

The total number of subjects is 500 people.
（被験者の総数は500人である。）

関連表現：the total number of genes（遺伝子の総数）
the number of electrons（電子の数）
the number of graduate students（大学院生の数）
the number of biologists（生物学者の数）
the number of protons and neutrons（陽子と中性子の数）

623 □ the ultimate goal of A: Aの最終目的、Aの最終目標

This is not **the ultimate goal of** this paper.
（これは、本稿の最終目的（最終目標）ではない。）

関連表現：the goal of this paper（本稿の目的）
the ultimate goal（最終目的）
the ultimate aim（最終目的）

624 □ the upshot of A: Aの要点

The upshot of London's (2008) treatment is as follows:
（London (2008)の議論の要点は、下記の通りである。）

関連表現：the upshot of this discussion（この議論の要点）
the gist of A（Aの要点）
the gist of this analysis（この分析の要点）

625 □ the validity of A: Aの妥当性

The validity of this model must be tested experimentally.
（このモデルの妥当性は、実験によって検証されなければならない。）

関連表現：the validity of the model（そのモデルの妥当性）
the validity of this conclusion（この結論の妥当性）
verify the validity of this generalization
（この一般化の妥当性を実証する）

626 ☐ **the volume of A:** Aの体積

The volume of the sphere is about 70 cubic centimeters.
（その球の体積は、約70立法センチメートルである。）

関連表現：the volume of the cone（その円すいの体積）
the volume of this cylinder（この円柱の体積）

627 ☐ **the weight of A:** Aの重さ

The weight of an object is not constant.
（物体の重さは一定ではない。）

関連表現：the weight of water（水の重さ）
the atomic weight of hydrogen（水素の原子量）
be half the total weight（総重量の1/2である）
the mass of an atom（原子の質量）

628 ☐ **the width of A:** Aの幅

The width of the river is 20 meters.
（その川の幅は20メートルである。）

関連表現：the width of the tape（そのテープの幅）
have a width of about 70 meters（約70メートルの幅がある）
be about 2 meters in width（幅が約2メートルである）

629 ☐ **the work of Orwell (1999):** Orwell (1999)の研究

The discussion here is largely based on **the work of Orwell (1999)**.
（ここでの議論は、主としてOrwell (1999)の研究に基づいている。）

関連表現：the research of Orwell (1999)（Orwell (1999)の研究）
the studies of Orwell (1999)（Orwell (1999)の研究）

630 ☐ **the world average:** 世界平均

The world average in 2015 was 0.18 hectares per person.
（2015年の世界平均は、一人当たり0.18ヘクタールだった。）

関連表現：an average value between them（それらの間の平均値）
the average learner（平均的な学習者）
the average of the prices（その価格の平均）
contain an average of seven words（平均で7語を含む）

631 ☐ **there are four reasons for A:** Aには４つの理由がある

There are four reasons for this.

（これには４つの理由がある。）

関連表現：there are reasons for A（Aには理由がある）
there are further reasons for A（Aにはさらなる理由がある）
there are a number of reasons for A（Aには多くの理由がある）
there are reasons for *doing*（〜するのには理由がある）

632 ☐ **there are limitations to A:** Aに限界がある

However, **there are** also **limitations to** this approach.

（しかしながら、このアプローチにも限界がある。）

633 ☐ **there are no such problems with A:**
Aにはこのような問題は何もない

There are no such problems with this approach.

（このアプローチには、このような問題は何もない。）

関連表現：there are also theoretical problems with A
（Aにも理論上の問題がある）
there seem to be various problems with A
（Aには様々な問題があるように思われる）

634 ☐ **there are several overlaps between them:**
それらの間にはいくつかの重複がある

Note for the time being that **there are several overlaps between them**.

（さしあたり、それらの間にはいくつかの重複がある点に注意されたい。）

関連表現：a fair degree of overlap（かなりの程度の重複）
these overlaps（これらの重複）

635 ☐ **there are three possibilities:** ３つの可能性がある

At this level, **there are three possibilities** relating to proximity.

（このレベルでは、近接性に関しては３つの可能性がある。）

関連表現：there are several possibilities with respect to A
（Aに関してはいくつかの可能性がある）
these possibilities（これらの可能性）
other possibilities（その他の可能性）

at least two possibilities（少なくとも２つの可能性）
have two possibilities（２つの可能性がある）

---

636 ☐ **there are two main types:** ２つの主要タイプがある

There are two main types: ABC and XYZ.

（ABCとXYZの２つの主要タイプがある。）

関連表現：there are two basic patterns（２つの基本パターンがある）
there are two traditional approaches
（２つの伝統的なアプローチがある）
there are two kinds of processes（２種類のプロセスがある）
there are at least three levels（少なくとも３つのレベルがある）

---

637 ☐ **there are two problems with A:** Aには２つの問題がある

However, **there are two problems with** this analysis.

（しかしながら、この分析には２つの問題がある。）

関連表現：there are three problems with A（Aには３つの問題がある）
there are several problems with A（Aにはいくつかの問題がある）
there are many problems with A（Aには多くの問題がある）
there are at least two problems with A
（Aには少なくとも２つの問題がある）

---

638 ☐ **there are various methods of** *doing*:
～するのには様々な方法がある

There are various methods of collecting data.

（データを収集するのには、様々な方法がある。）

関連表現：two methods of *doing*（～する２つの方法）
there are three ways of *doing*（～する３つの方法がある）
there are three ways to *do*（～するための方法が３つある）

---

639 ☐ **there is a causal link between them:**
それらの間には因果関係がある

It is more appropriate to say that **there is a causal link between them**.

（それらの間には因果関係があると言う方が、より適切である。）

関連表現：there is no causal link between them
（それらの間には因果関係がない）
there is a direct causal link between A and B

（AとBの間には直接的な因果関係がある）
the causal link between A and B（AとBの間の因果関係）

---

640 ☐ there is a close relationship between A and B:
AとBの間には密接な関係がある

There is a close relationship between cognitive linguistics **and** cognitive psychology.
（認知言語学と認知心理学の間には密接な関係がある。）

関連表現：there is an intimate relationship between A and B
（AとBの間には密接な関係がある）
there is a relationship between A and B（AとBの間には関係がある）
there is an asymmetric relationship between them
（それらの間には非対称的な関係がある）

---

641 ☐ there is a great deal to be said about A:
Aに関しては言うべきことがかなりある

There is a great deal to be said about the connection between language and thought.
（言語と思考のつながりに関しては、言うべきことがかなりある。）

関連表現：there is a great deal of confusion（かなりの混乱がある）
there is a great deal of evidence that S+V
（〜というかなりの証拠がある）

---

642 ☐ there is a need to *do*: 〜する必要がある

In order to do this, **there is a need to** classify these data.
（これをするためには、これらのデータを分類する必要がある。）

関連表現：there is no need to *do*（〜する必要は何もない）
there is little need to *do*（〜する必要はほとんどない）
there is a need to verify the presence of this problem
（この問題の存在を実証する必要がある）

---

643 ☐ there is a parallelism between A and B:
AとBの間には並行性がある

As a result, it is revealed that **there is a parallelism between** ABC **and** XYZ.
（その結果、ABCとXYZの間には並行性があることが明らかにされる。）

関連表現：an interesting parallelism between them
（それらの間の興味深い並行性）
there seems to be an interesting parallelism between A and B
（AとBの間には興味深い並行性があるように思える）

644 ☐ there is a strong correlation between A and B:
AとBの間に強い相関関係がある

These results show that **there is a strong correlation between** them.
（これらの結果は、それらの間に強い相関関係があることを示している。）

関連表現：there is a correlation between A and B（AとBの間に相関関係がある）
there is no correlation between A and B
（AとBの間には相関関係はない）
there may be a correlation between them
（それらの間には相関関係があるかもしれない）
there is a weak correlation between them
（それらの間には弱い相関関係がある）
there is a robust correlation between them
（それらの間には強い相関関係がある）
there is a direct correlation between A and B
（AとBの間には直接的な相関関係がある）
there is a partial correlation between them
（それらの間には部分的な相関関係がある）
there is no significant correlation between A and B
（AとBの間には重大な相関関係はない）
a one-to-one correlation between them
（それらの間の１対１の相関関係）

645 ☐ there is also concern that S+V: ～という懸念もある

There is also concern that there is little constraint on choice.
（選択にはほとんど制約がないという懸念もある。）

関連表現：there is concern that S+V（～という懸念がある）
despite concern that S+V（～という懸念にも関わらず）
Long's (2020) concern that S+V（～というLong (2020)の懸念）

646 ☐ there is considerable flexibility: かなりの柔軟性がある

Note also that, within this system, **there is considerable flexibility**.
（このシステムの中ではかなりの柔軟性があるという点にも注意されたい。）

関連表現：there is considerable variation（かなりの変容がある）
there is considerable debate about A
（Aについてはかなりの論争がある）
there is considerable discussion as to A
（Aに関してはかなりの議論がある）

---

647 ☐ **there is evidence to suggest that S+V:**
　　　　〜ということを示唆する証拠がある

In fact, **there is evidence to suggest that** this description is not accurate.
（事実、この記述が不正確であることを示唆する証拠がある。）

関連表現：there is evidence to suggest this view
（この見解を示唆する証拠がある）
there is evidence that S+V（〜という証拠がある）
there is evidence in favor of A（Aを支持する証拠がある）
there is evidence in support of this conclusion
（この結論を支持する証拠がある）

---

648 ☐ **there is insufficient space to *do*:** 〜する十分なスペースがない

In this book, **there is insufficient space to** go into the above discussion.
（本書では、上記の議論へと進む十分なスペースがない。）

関連表現：there is sufficient space to *do*（〜する十分なスペースがある）
there is sufficient evidence（十分な証拠がある）
there is enough information（十分な情報がある）

---

649 ☐ **there is little consensus on A:**
　　　　Aに関してはほとんど意見の一致がない

However, **there is little consensus on** such issues.
（しかしながら、このような問題に関しては、ほとんど意見の一致がない。）

関連表現：there is no consensus on A（Aに関しては意見の一致は何もない）
there is consensus on A（Aに関しては意見の一致がある）
there seems to be no consensus on A
（Aに関しては意見の一致が何もないように思われる）

---

650 ☐ **there is little doubt about A:**
　　　　Aに関してはほとんど疑う余地がない

There is little doubt about Nation's (2020) proposal.

（Nation (2020)の提案に関しては、ほとんど疑う余地がない。）

関連表現：there is no doubt about A（Aに関しては疑う余地が何もない）
there is no doubt that S+V（〜という疑いは何もない）

---

651 □ there is no connection between them:
それらの間に何のつながりもない

To put it simply, **there is no connection between them**.
（端的に言えば、それらの間には何のつながりもないのである。）

関連表現：there is no connection between A and B
（AとBの間に何のつながりもない）
there is a connection between them(それらの間にはつながりがある)
there is an indirect connection between them
（それらの間には間接的なつながりがある）
there is an intimate connection between them
（それらの間には密接なつながりがある）
there may be little connection between them
（それらの間にはほとんどつながりがないかもしれない）
there seems to be a connection between them
（それらの間にはつながりがあるように思われる）
there seems to be no special connection between them
（それらの間には特別なつながりは何もないように思われる）

---

652 □ there is no distinction between A and B:
AとBの間に区分など存在しない

Therefore, **there is no distinction between** them.
（したがって、それらの間には区分など存在しない。）

関連表現：there is a distinction between them（それらの間には区分がある）
there is a sharp distinction between them
（それらの間には明確な区分がある）
there is a fundamental distinction between them
（それらの間には基本的な区分がある）
there seems to be a clear distinction between them
（それらの間には明確な区分があるように思われる）

---

653 □ there is no evidence for A: Aには何の証拠もない

There is no evidence for this.
（これには何の証拠もない。）

関連表現：there is no convincing evidence for this idea
（この見解に対しては説得力のある証拠は何もない）
there is no evidence in favor of A（Aを支持する証拠は何もない）
there is no evidence against A（Aに反する証拠は何もない）

654 □ there is no evidence that S+V: ～という証拠は何もない

There is no evidence that the sentence is ungrammatical
（その文が非文法的であるという証拠は何もない。）

関連表現：there is little evidence that S+V（～という証拠はほとんどない）
there is evidence that S+V（～という証拠がある）
there is abundant evidence that S+V（～という豊富な証拠がある）
gather evidence that S+V（～という証拠を集める）

655 □ there is no mention of A: Aに関しては何も言及していない

In Horn (2010), **there is no mention of** this point.
（Horn (2010)においては、この点に関しては何も言及していない。）

関連表現：no mention is made of A（Aに関しては何の言及もない）
make no mention of A（Aについては何も言及しない）

656 □ there is no need to *do*: ～する必要は何もない

Hence, **there is no need to** distinguish between them.
（したがって、それらを区分する必要は何もない。）

関連表現：there is no need to maintain that S+V（～と主張する必要は何もない）
there is no need to postulate this process
（このプロセスを仮定する必要は何もない）

657 □ there is no such distinction: このような区分は存在しない

However, in Japanese, **there is no such distinction**.
（しかしながら、日本語では、このような区分は存在しない。）

関連表現：show no such classification（このような分類は示さない）
identify no such effect（そのような効果は何も認められない）
there is no such problem（そのような問題は何もない）
there is no such hypothesis（そのような仮説は何もない）
there is no such requirement（そのような要件は何もない）
there are no such restrictions（そのような制限は何もない）
there is no such thing as a language（言語のようなものは何もない）

have no such knowledge（そのような知識を何も持たない）
have no such function（そのような機能を何も持たない）
have no such restriction（そのような制限を何も持たない）

---

658 ☐ **there is not enough space to *do*:**
〜するための十分なスペースがない

Unfortunately, **there is not enough space to** discuss this problem.
（残念なことに、この問題を議論するための十分なスペースがない。）

関連表現：there is not enough information to *do*（〜する十分な情報がない）
there is not enough evidence for A（Aを支持する十分な証拠がない）

---

659 ☐ **there seems little doubt that S+V:**
〜はほとんど疑いの余地はないように思われる

There seems little doubt that food is part of our culture.
（食べ物が私たちの文化の一部であることは、ほとんど疑いの余地はないように
思われる。）

関連表現：there is little doubt that S+V（〜はほとんど疑いの余地はない）
there seems to be a connection between them
（それらの間にはつながりがあるように思われる）
there seems to be a close relation between them
（それらの間には密接な関係があるように思われる）
there seems little reason to *do*
（〜する理由はほとんどないように思われる）
there seems to be no reason to *do*
（〜する理由は何もないように思われる）
there seems to be a clear distinction between them
（それらの間には明確な区分があるように思われる）

---

660 ☐ **therefore:** したがって

Therefore, Principle B needs to be substantially revised.
（したがって、原理 B は大幅に改訂される必要がある。）

---

661 ☐ **this chapter is concerned with A:** 本章ではAに関心がある

This chapter is concerned with the structure of language play.
（本章では、ことば遊びの構造に関心がある。）

関連表現：this section is concerned with A（本節ではAに関心がある）

be concerned with knowledge of language（言語知識に関心がある）
be concerned with the following question（以下の問題に関心がある）
be primarily concerned with A（主としてAに関心がある）
be mainly concerned with A（主としてAに関心がある）
be particularly concerned with A（特にAに関心がある）

662 ☐ **this collection of papers:** 本論文集

This collection of papers aims at formulating a model that can process linguistic expressions.

（本論文集の目的は、言語表現を処理することのできるモデルを定式化すること
である。）

663 ☐ **this indicates that S+V:** これは〜を示している

This indicates that human beings are social animals.

（これは、人間が社会的な動物であることを示している。）

関連表現：this also indicates that S+V（これは〜ということも示している）
this clearly indicates that S+V（これは〜を明確に示している）

664 ☐ **this is an example of A:** これはAの一例である

This is an example of inverse proportion.

（これは反比例の一例である。）

関連表現：this is one example of A（これはAの一例である）
these are examples of A（これらはAの例である）

665 ☐ **this is called A:** これはAと呼ばれる

This is called the law of conservation of energy.

（これはエネルギー保存則と呼ばれている。）

関連表現：this is sometimes called A（これは時にはAと呼ばれる）
this is traditionally called A（これは伝統的にはAと呼ばれる）
this is often called A（これはしばしばAと呼ばれる）
this is technically called A（これは専門的にはAと呼ばれる）
this is usually called A（これは通常はAと呼ばれる）

666 ☐ **this is due to A:** これは〜によるものである

This is due to a lack of oxygen.

（これは酸素不足によるものである。）

関連表現：this is due to the fact that S+V（これは〜という事実によるものである）
this is due to this condition（これはこの条件によるものである）

667 ☐ **this is especially so:** これは特にそうである

This is especially so in the case of Pattern B.

（これは、パターンBの場合には、特にそうである。）

関連表現：this is particularly so（これは特にそうである）

668 ☐ **this is not to say that S+V:** これは〜と言っているのではない

This is not to say that thought is the same thing as language.

（これは、思考が言語と同じものであると言っているのではない。）

関連表現：this is not to deny that S+V（これは〜を否定しているのではない）

669 ☐ **this is particularly evident:** これは特に明らかである

This is particularly evident in Johnson's (2012) data.

（これは、Johnson (2012)のデータの中で、特に明らかである。）

関連表現：this is also evident in A（これはAの中でも明らかである）
this is particularly clear（これは特に明らかである）
this is particularly useful（これは特に有益である）
this is especially clear（これは特に明らかである）
this is especially noteworthy（これは特に注目に値する）

670 ☐ **this is the same as saying that S+V:**
〜と言うのと同じことである

This is the same as saying that the radius is half the diameter.

（これは、半径は直径の半分であると言うのと同じことである。）

671 ☐ **this large-scale survey:** この大規模な調査

This large-scale survey was conducted in the summer of 2017.

（この大規模な調査は、2017年の夏に行われた。）

関連表現：a large-scale project（大規模なプロジェクト）
large-scale statistical analyses（大規模な統計分析）
an exhaustive survey（包括的な調査）
a fairly comprehensive survey（かなり包括的な調査）
a literature survey（文献調査）

672 ☐ **this means that S+V:** これは〜ということを意味している

This means that climate has an impact on agriculture.
（これは、気象が農業に影響を与えることを意味している。）

関連表現：it means that S+V（それは〜ということを意味している）
that means that S+V（それは〜ということを意味している）
this therefore means that S+V
（したがって、これは〜ということを意味している）
this implies that S+V（これは〜ということを意味している）
this does not mean that S+V（これは〜ということを意味していない）

---

673 ☐ **this notation:** この表記法

In the first case, **this notation** is used.
（最初のケースでは、この表記法が用いられる。）

関連表現：use the following notation（以下の表記法を使用する）
adopt a new notation system（新しい表記法を採用する）
in traditional notation（伝統的な表記法では）
in this notation（この表記法では）
the notation introduced here（ここで導入された表記法）
a matter of notation（表記法の問題）

---

674 ☐ **this shows that S+V:** これは〜ということを示している

This shows that the argument is not scientifically justified.
（これは、その議論が科学的に正当化されないことを示している。）

関連表現：this clearly shows that S+V（これは〜ということを明確に示している）
this also shows that S+V（これは〜ということも示している）
this does not show that S+V（これは〜ということを示していない）

---

675 ☐ **this suggests that S+V:** これは〜ということを示唆している

This suggests that agriculture has an impact on climate.
（これは、農業が気象に影響を与えることを示唆している。）

関連表現：this also suggests that S+V（これは〜ということも示唆している）
this strongly suggests that S+V
（これは〜ということを強く示唆している）
this does not suggest that S+V
（これは〜ということを示唆していない）
these data suggest that S+V

（これらのデータは～ということを示唆している）

676 □ **three objections to A:** Aに対する３つの反論

There are at least **three objections to** this idea.
（この見解には、少なくとも３つの反論がある。）

関連表現：objections to this claim（この主張への反論）
other objections to A（Aに対する他の反論）
a number of objections to this argument（この議論への多数の反論）
a decisive objection to A（Aへの決定的な反論）
a possible objection to A（Aへのありうる反論）

677 □ **through data analysis:** データ分析（データ解析）を通して

These facts are made clear **through data analysis**.
（これらの事実は、データ分析を通して明らかにされる。）

関連表現：data collection（データ収集）
a method of data collection（データ収集の方法）
general principles of data analysis（データ分析の一般原理）

678 □ **through the lens of A:** Aの目を通して

Linguistic phenomena should be understood **through the lens of** cognitive linguistics.
（言語現象は、認知言語学の目を通して、理解されるべきである。）

関連表現：through the lens of one's own culture（自らの文化の目を通して）
through the lens of embodiment（身体化の目を通して）

679 □ **to a certain extent:** ある程度は、ある程度においては

This view is correct **to a certain extent**.
（この見解は、ある程度においては、正しい。）

関連表現：to some extent（ある程度は）
to a large extent（かなり、きわめて）
to a great extent（かなり、きわめて）
to a substantial extent（かなりの程度）
to a significant extent（かなりの程度）
to a more limited extent（より限定的に）
to a certain degree（ある程度は）
to some degree（ある程度は）

680 □ **to a greater or lesser degree:** 多かれ少なかれ

The issue here is, **to a greater or lesser degree**, worthy of reconsideration.
（ここでの問題は、多かれ少なかれ、再考する価値がある。）

関連表現：more or less（多かれ少なかれ）

---

681 □ **to avoid this:** これを避けるために

To avoid this, the following method was adopted:
（これを避けるために、以下の方法が採用された。）

関連表現：in order to avoid this（これを避けるために）
　　　　　　to clarify this point（この点を明らかにするために）
　　　　　　to illustrate this fact（この事実を例証するために）
　　　　　　in order to satisfy these requirements（これらの要件を満たすために）
　　　　　　in order to verify its role（その役割を実証するために）

---

682 □ **to date:** これまでは、これまでのところ

This model has been the most widely studied **to date**.
（このモデルが、これまでは、最も広範に研究されてきた。）

関連表現：the research to date（これまでの研究）
　　　　　　the evidence to date（これまでの証拠）
　　　　　　what is known to date（これまでに知られていること）
　　　　　　have been explored in the literature to date
　　　　　　　　（これまでの文献で探究されてきた）

---

683 □ **to illustrate:** 例証のために

To illustrate, let us look at the following examples:
（例証のために、以下の事例を見てみよう。）

関連表現：to illustrate this（これを例証するために）
　　　　　　to illustrate this theory（この理論を例証するために）
　　　　　　to illustrate this point（この点を例証するために）
　　　　　　to illustrate the role of A（Aの役割を例証するために）

---

684 □ **to put it differently:** 別の言い方をすれば

To put it differently, this view is misleading.
（別の言い方をすれば、この見解は誤解を招きかねないということである。）

関連表現：to put it another way（別の言い方をすると）

put differently（別の言い方をすると）
put another way（別の言い方をすると）

---

685 ☐ **to put it simply:** 端的に言えば

To put it simply, there is no connection between them.
（端的に言えば、それらの間には何のつながりもないのである。）

関連表現：simply put（端的に言えば）
　　　　　put simply（端的に言えば）

---

686 ☐ **to what degree:** どの程度まで

It remains unclear **to what degree** this approach is appropriate.
（このアプローチがどの程度まで適切であるのかは、不明のままである。）

関連表現：to what extent（どの程度まで）

---

687 ☐ **two exceptions:** 2つの例外

However, there are **two exceptions** here.
（しかしながら、ここには2つの例外がある。）

関連表現：some exceptions（いくつかの例外）
　　　　　a number of exceptions（多数の例外）
　　　　　two additional exceptions（2つのさらなる例外）
　　　　　the following three exceptions（以下の3つの例外）

---

688 ☐ **two possible explanations:** 2つのありうる説明法

There are **two possible explanations** for this.
（これには、2つの説明法がありうる。）

関連表現：two possible patterns（2つのありうるパターン）
　　　　　three possible interpretations（3つのありうる解釈）
　　　　　a possible objection to A（Aへのありうる反論）

---

689 ☐ **under the rubric of A:** Aの見出しの下で、Aの題目の下で

Prince (2009) discusses this issue **under the rubric of** functionalism.
（Prince (2009)は、機能主義の見出しの下で、この問題を議論している。）

関連表現：under the rubric of biology（生物学という見出しの下で）
　　　　　under the rubric of categorization（カテゴリー化という見出しの下で）

690 ☐ **under this approach:** このアプローチの下では

They are structurally similar **under this approach**.

（このアプローチの下では、それらは構造的に類似している。）

関連表現：under these approaches（これらのアプローチの下では）
under this paradigm（このパラダイムの下では）
within these approaches（これらのアプローチの中では）
under this view（この見解の下では）

691 ☐ **under various conditions:** 様々な条件下で

Johnson (2010) discusses how they react **under various conditions**.

（Johnson (2010)は、様々な条件下でそれらがどのように反応するかを議論している。）

関連表現：under different conditions（様々な条件下で）
under controlled conditions（制御された条件下で）
under the same conditions（同じ条件下で）
under natural conditions（自然条件下では）
under normal conditions（通常の条件下では）
under such conditions（このような条件下で）

692 ☐ **unfortunately:** 残念なことに、残念ながら

Unfortunately, there is not enough space to discuss this problem.

（残念なことに、この問題を議論するための十分なスペースがない。）

693 ☐ **unlike previous analyses:** 従来の分析とは異なり

Hence, **unlike previous analyses**, special theoretical tools are not needed here.

（したがって、従来の分析とは異なり、ここでは特別な理論的道具立ては必要とされない。）

関連表現：unlike previous approaches（これまでのアプローチとは異なり）
unlike English（英語とは異なり）
unlike Johnson (2019a)（Johnson (2019a)とは異なり）
quite unlike linguistics（言語学とはかなり異なり）

694 ☐ until relatively recently: 比較的最近まで

Until relatively recently, this fact has not been known.
（比較的最近まで、この事実は知られてこなかった。）

関連表現：until recently（最近まで）
more recently（より最近では）
recently（最近は、最近では）
quite recently（かなり最近では）
fairly recently（かなり最近では）
very recently（かなり最近では）

695 ☐ upon reflection: よく考えてみると

Upon reflection, several reasons can be found.
（よく考えてみると、いくつかの理由が見出される。）

696 ☐ using the framework of A: Aの枠組みを用いて

This process can be explained, **using the framework of** Johnson (2018).
（このプロセスは、Johnson (2018)の枠組みを用いて、説明することができる。）

関連表現：using evidence available from A（Aから入手できる証拠を用いて）
using data from Japanese（日本語からのデータを用いて）
using this theory（この理論を用いて）
using a series of photographs（一連の写真を用いて）
using capital letters（大文字を使って）
using a graph（グラフを用いて）

697 ☐ valuable comments: 価値あるコメント

We are also grateful to Paul Taylor for his **valuable comments**.
（価値あるコメントをくれたことに対して、Paul Taylor氏にも感謝したい。）

関連表現：insightful comments（洞察力に満ちたコメント）
constructive comments（建設的なコメント）
useful comments（有益なコメント）
helpful comments（有益なコメント）
detailed comments（詳細なコメント）
invaluable comments（貴重なコメント）
helpful suggestions（有益な提案）
insightful suggestions（洞察力に満ちた提案）

excellent suggestions（非常に優れた提案）
valuable suggestions（価値ある提案）
invaluable suggestions（貴重な提案）

---

698 ☐ **viewed from a historical point of view:**
歴史的観点から見ると

Viewed from a historical point of view, this change is extremely rare.
（歴史的観点から見ると、この変化はきわめて稀なものである。）

関連表現：viewed from a historical perspective（歴史的観点から見ると）
viewed from this perspective（この観点から見ると）
viewed from the perspective of A（Aの観点から見ると）

---

699 ☐ **what Green (2010) calls A:** Green (2010)がAと呼ぶもの

The third approach is **what Green (2010) calls** ABC Theory.
（3つ目のアプローチは、Green (2010)がABC理論と呼ぶものである。）

関連表現：what this analysis shows（この分析が示していること）
what this conclusion suggests（この結論が示唆していること）
what Johnson (2010) means（Johnson (2010)が意味していること）

---

700 ☐ **what is common to A:** Aに共通していること

What is common to both approaches can be summarized as follows:
（両者のアプローチに共通していることは、以下のようにまとめることができる。）

関連表現：what is common to them（それらに共通していること）
be common to all types（すべてのタイプに共通している）
be common to both cases（両者のケースに共通している）
the idea common to all approaches
（すべてのアプローチに共通している見解）

---

701 ☐ **what is interesting here is that S+V:**
ここで興味深いのは〜ということである

What is interesting here is that these studies were carried out in developed countries.
（ここで興味深いのは、これらの研究が先進国で行われたことである。）

関連表現：what is of interest is that S+V（興味深いのは～ということである）
what is interesting is that S+V（興味深いのは～ということである）
what is more interesting that S+V
（より興味深いのは～ということである）
what is important is that S+V（重要なのは～ということである）
what is significant here is that S+V
（ここで重要なのは～ということである）

---

702 ☐ **what is traditionally called A:** 伝統的にAと呼ばれているもの

This amounts to **what is traditionally called** 'Principle A'.

（これは、伝統的に「原理A」と呼ばれているものに相当している。）

関連表現：what is required is that S+V
（要求されていることは～ということである）
what is argued here is that S+V
（ここで議論されていることは～ということである）
what is suggested here is that S+V
（ここで示唆されていることは～ということである）

---

703 ☐ **what makes this possible:** これを可能にしているもの

What makes this possible is a mathematical model proposed by Nation (2020).

（これを可能にしているのは、Nation (2020)によって提案された数理モデルである。）

関連表現：what makes it possible（それを可能にしているもの）
what makes it interesting（それを興味深くしていること）
what makes this true（これを真にしていること）

---

704 ☐ **what matters here is that S+V:**
ここで重要なのは～ということである

What matters here is that this knowledge is unstable.

（ここで重要なのは、この知識が不安定であることである。）

関連表現：what matters is that S+V（重要なのは～ということである）

---

705 ☐ **what this means is that S+V:**
これが意味していることは～ということである

What this means is that language reflects patterns of thought.
（これが意味していることは、言語が思考パターンを反映しているということである。）

関連表現：what this suggests is that S+V
（これが示唆していることは～ということである）
what this shows is that S+V
（これが示していることは～ということである）
what this implies is that S+V
（これが含意していることは～ということである）
what this amounts to is that S+V
（これが相当しているのは～ということである）

706 □ **wherever this occurs:** これがどこで起ころうとも

Wherever this occurs, heat energy is produced.
（これがどこで起ころうとも、熱エネルギーが生み出される。）

関連表現：wherever the latter is the case（後者が正しい場合でも）
wherever necessary（必要な時はいつでも）
whenever this happens（これが起こる時はいつでも）
whenever possible（可能なときはいつでも）
whenever necessary（必要なときはいつでも）

707 □ **whether or not S+V:** ～かどうか

It remains unclear **whether or not** it takes place.
（それが生じるかどうかは、不明のままである。）

関連表現：whether S+V（～かどうか）
whether S+V or not（～かどうか）
whether it is true（それが真であるかどうか）
whether it is true or not（それが真であるかどうか）

708 □ **with care:** 注意深く、注意して

These numbers need to be used **with care**.
（これらの数字は、注意深く使用される必要がある。）

関連表現：should be investigated with care（注意して探究されるべきである）
with considerable care（かなり慎重に、かなり注意して）

709 ☐ **with reference to A:** Aに触れつつ、Aに触れながら

This is discussed as a case study, **with reference to** Johnson's (2001) ideas.
(Johnson (2001)の見解に触れつつ、この点が1つの事例研究として議論される。)

関連表現：with special reference to Japanese（特に日本語に触れつつ）
with reference to French and English（フランス語と英語に触れつつ）
with particular reference to language use
　　（特に言語使用に触れながら）
without reference to Principle A（原理Aに触れることなく）

710 ☐ **with special attention to A:** 特にAに注目しながら

This article discussed the history of linguistics, **with special attention to** the relationship between language and thought.
(本稿では、特に言語と思考の関係性に注目しながら、言語学の歴史について議論する。)

関連表現：with attention to A（Aに注意しながら）
with no attention to A（Aにまったく注意せずに）
with special attention to these properties
　　（これらの特性に特に注目しながら）
with particular attention to Long's (2011) discussion
　　（Long (2011)の議論に特に注意しつつ）

711 ☐ **with the help of A:** Aの助けを借りて

This concept is formed **with the help of** a series of cognitive operations.
(この概念は、一連の認知操作の助けを借りて、形成される。)

関連表現：with the aid of A（Aの助けを借りて）

712 ☐ **without awareness:** 無意識の内に

These systems are structured **without awareness**.
(これらのシステムは、無意識の内に構造化される。)

関連表現：unconsciously（無意識の内に）
without permission（許可なく）
without data（データなしで）
usually without discussion（通常は議論もなしに）
without this notation（この表記法がなければ）

713 ☐ **without recourse to A:** Aに頼らずに

These phenomena can be studied **without recourse to** Principle A.
（これらの現象は、原理Aに頼らずに研究することができる。）

関連表現：with recourse to A（Aに頼って）
without recourse to a specific constraint（特定の制約に頼らずに）
with recourse to Principle A（原理Aに頼って）

714 ☐ **without taking A into account:** Aを考慮することなく

Language structure cannot be studied **without taking into account** the nature of language use.
（言語構造は、言語使用の性質を考慮することなく、研究することはできない。）

関連表現：without using this information（この情報を使用することなく）
without ignoring important ideas（重要な見解を無視することなく）
without paying any attention to A（Aに注意を払うことなしに）
without resorting to arbitrary assumptions
（任意の仮定に頼ることなしに）

715 ☐ **work at the level of A:** Aのレベルで機能する

This principle **works at the level of** the sentence.
（この原理は、文のレベルで機能する。）

関連表現：work at different levels（様々なレベルで機能する）
work at the same time（同時に機能する）
at two levels（2つのレベルで）
at the molecular level（分子レベルで）
at the level of representation（表示レベルで）
at this level of discussion（この議論レベルでは）

716 ☐ **would be more desirable:** より望ましいであろう

On balance, the latter approach **would be more desirable**.
（全般的には、後者のアプローチの方がより望ましいであろう。）

関連表現：would be more appropriate（より適切であろう）
would be more limited（より限定的であろう）
it would be more difficult to do（～することはより難しいであろう）
it would be more natural to suppose that S+V
（～と仮定することはより自然であろう）

717 ☐ **would be quite difficult:** かなり難しいであろう

It **would be quite difficult** to explain this tendency.

（この傾向を説明するのは、かなり難しいことであろう。）

関連表現：would be quite natural（かなり自然であろう）

would be quite acceptable（かなり容認可能であろう）

it would be quite possible to *do*（～することは大いに可能であろう）

キーワード検索（日本語）

※数字は見出し番号

キーワード検索（英語）

※数字は見出し番号

著者紹介

安原 和也（やすはら かずや）　名城大学准教授

1979 年、岡山県生まれ。京都大学大学院人間・環境学研究科博士後期課程（言語科学講座）修了。博士（人間・環境学）。日本学術振興会特別研究員、京都大学高等教育研究開発推進機構特定外国語担当講師などを経て、2013 年 4 月より現職。専門は、認知言語学（英語学／日本語学／意味論／語用論など）・学術英語教育（論文英語／科学英語など）。主要著書に、『英語論文基礎表現 717』（2011 年，三修社）、『認知文法論序説』（共訳，2011 年，研究社）、『英語論文表現入門』（2011 年，大学教育出版）、『大学英語教育の可能性』（共編著，2012 年，丸善プラネット）、『英語論文重要語彙 717』（2012 年，三修社）、『Conceptual Blending and Anaphoric Phenomena: A Cognitive Semantics Approach』（2012 年，開拓社，第 47 回市河賞受賞）、『基本例文 200 で学ぶ英語論文表現』（2013 年，三修社）、『農学英単―BASIC 1800―』（2014 年，三修社）、『英語論文数字表現 717』（2015 年，三修社）、『ことばの認知プロセス―教養としての認知言語学入門―』（2017 年、三修社）、『認知言語学の諸相』（2020 年、英宝社）、『認知言語学の散歩道』（2021 年、英宝社）などがある。

英語論文実用表現 717

2021 年 8 月 20 日　第 1 刷発行

著　者 ――――――安原和也

発行者 ――――――前田俊秀
発行所 ――――――株式会社三修社
　　　　　　　　　〒 150-0001　東京都渋谷区神宮前 2-2-22
　　　　　　　　　TEL 03-3405-4511　FAX 03-3405-4522
　　　　　　　　　振替 00190-9-72758
　　　　　　　　　https://www.sanshusha.co.jp
　　　　　　　　　編集担当　斎藤俊樹

印刷製本 ――――――萩原印刷株式会社

©2021 Printed in Japan
ISBN978-4-384-05998-4 C1082

DTP　トライアングル
カバーデザイン　峯岸孝之

英語論文数字表現 717

安原和也著
A5 判並製 240 ページ
定価 1,870 円（本体 1,700 円＋税）
ISBN978-4-384-05825-3 C1082

▶文理の別を問わない、英語論文のための基礎数字表現集
▶英語論文初心者の学部生や大学院生にお薦め
▶大学院入試対策や難関大学受験にも最適の学習教材
▶豊富な日英キーワード検索を添付
　［日本語］約 800 項目
　［英　　語］約 720 項目

英語学術論文を読解したり執筆したりする際に、文理の別を問わずどの学術分野の研究者でも必ず知っておかなければならない最低限の英語数字表現を、機能項目ごとに、コンパクトにかつ網羅的にまとめた。見出し表現と置き換えて使用可能な類似表現や見出し表現と接点のある関連表現も豊富に併記され、約 5,000 例にも及ぶ多種多様な英語数字表現の学習ができる。

基本例文 200 で学ぶ英語論文表現
―アウトプット練習問題集―

安原和也著
A5 判並製 200 ページ
定価 1,760 円（本体 1,600 円＋税）
ISBN978-4-384-05764-5 C1082

▶『英語論文基礎表現 717』
▶『英語論文重要語彙 717』　完全準拠

英語論文表現についての知識のインプットではなく、アウトプットに重きをおいた練習問題集。大学生、大学院生が自習していけるよう、解答・解説を充実。「穴埋め問題Ａ・Ｂ」「語彙記述問題Ａ・Ｂ」「表現和訳問題」「全文和訳問題」「表現英訳問題」「全文英訳問題」各 200 問を解くことで、英語論文表現数を増やすことができる。「英語論文表現を練習できる何かが欲しい」という読者の声を反映させた 1 冊。